Für alle Langzeitpaare
und solche,
die es werden wollen.

7. Auflage Dezember 2024
© Yella Cremer und Samuel Cremer (Autoren)

Angaben entsprechend der GPSR

Verlag: LoveBase Media-
Yella Cremer
Claus-Ferck-Str. 4, 22359 Hamburg
www.lovebase.com- info@lovebase.com
+49 40 57309190

ISBN 978-3-9820850-5-0

Druck: Libri Plureos GmbH, Friedensallee 273, 22763 Hamburg

Nimm Kontakt zu den Autoren auf:
Mehr Informationen zu Slow Sex findest du unter
www.liebelauschen.de.
Du kannst den Autoren gerne schreiben an
info@liebelauschen.de

Lektorat: Claudia Elizabeth Huber- www.claudia-elizabeth-huber.de
Illustrationen: Shallu Narula
Coverdesign: Vanja Dimitrijevic - https://bit.ly/upwork-vanja
Coverupdate: Olexiy Popenko

Bibliografische Information der Deutschen Nationalbibliothek: Die Deutsche Nationalbibliothek verzeichnet diese Publikation in der Deutschen Nationalbibliografie; detaillierte bibliografische Daten sind im Internet über dnb.dnb.de abrufbar.

LIEBE WÜRDE SLOW SEX MACHEN

Dein Geschenk:
Unsere Kommunikations- und Beziehungstipps
zum Ausdrucken

 www.liebelauschen.de/tipps

Wir haben für dich unsere Lieblingstipps zusammengestellt, die du dir ausdrucken und an den Kühlschrank heften kannst. So gelingt die Kommunikation in der Partnerschaft noch besser.

INHALTSVERZEICHNIS

Vorwort von Ilan Stephani.................................... 8

Unsere Slow Sex-Story - die Kurzversion.................... 13

Einleitung.. 17

Ein paar Worte zur Sprache in diesem Buch.................. 18

Für Ungeduldige: das Wesentliche in Kürze................. 18

Wie Slow Sex euer Leben verändern wird................... 18

Falsche Vorstellungen über Slow Sex...................... 21

Das ist Slow Sex - kurz gesagt........................... 28

Was habe ich als Mann von Slow Sex?...................... 28

Was habe ich als Frau von Slow Sex?...................... 32

Slow Sex gemeinsam lernen – Die Grundlagen verstehen...... 41

Ihr seid nicht allein.................................... 42

Erfüllender Sex: unsere Bedürfnisse unterscheiden können.... 45

Slow Sex ist eine eigene Kategorie – Zweisamkeit statt Lust

erwarten.. 49

Sexuelles Vertrauen aufbauen............................. 52

Die 3 Prinzipien von Slow Sex............................ 56

Warum Slow Sex so gut tut: der tantrische Energiekreislauf.... 60

Liebes-Ernährung: warum die Seele durch Slow Sex sexuell

satt wird.. 64

Der Slow Sex-Test.. 67

Lust vermessen mit der Erregungsskala.................... 69

Slow Sex-Paare berichten von ihrer „Reise".............. 70

Die Slow Sex-Praxis Schritt für Schritt.................. 77

Überblick: die Slow Sex-Reise in Phasen.................. 78

Wie Slow Sex abläuft: der Blick durchs Schlüsselloch.......... 86

Aufwärmen im Detail.................................... 91

Kommunikation während der Vereinigung.................. 95

Vereinbaren und Verabreden.............................. 96

Praktische Tipps.. 103
  Die Brüste.. 103
  Erektion 104
  Feuchtigkeit... 105
  Das erste Einführen.. 105
  Küssen... 106
  Bewegungen.. 106
  Die Klitoris beim Slow Sex.............................. 107
  Der weiche Blick beim Slow Sex..................... 108
  Der Atem beim Slow Sex................................. 109
  Die beliebtesten Slow Sex Stellungen............. 109
  Kissen: die praktischen Slow Sex-Helfer......... 114
  Gleitmittel: eine Welt der geschmeidigen Möglichkeiten.... 116

Gemeinsam die Slow Sex-See entdecken: die Übungsphasen.... 121
  Phase I: die stille See...................................... 123
  Phase II: kleine Wogen.................................... 127
  Phase III: die lebendige See............................ 130
  Umgang mit dem Orgasmus............................ 133
    Unterschiedliche Orgasmus-Möglichkeiten...... 134
    Der Peak-Orgasmus durch Anspannung........... 134
    Hingabe an die Lust: Peak-Orgasmus während der
    Entspannung (Ganzkörperorgasmus)............... 134
    Eine ganze andere Art des Orgasmus: der Tal-Orgasmus.... 135
    Die Orgasmus-Wirkung erforschen.................. 136

Typische Stolpersteine und häufige Probleme....................... 143
  Typische Stolpersteine auf dem Weg............... 144
    Wie kannst du mit Stolpersteinen umgehen?.... 147
  Häufige Probleme bei der Slow Sex-Praxis....... 150
    Wir finden keine Zeit für Slow Sex.................. 150
    Ich spüre nichts beim Slow Sex, mache ich etwas falsch?... 152
    Ein Partner will mehr Bewegung als der andere.............. 154
    Ich habe keine Lust auf Slow Sex.................... 156
    Ich langweile mich beim Slow Sex, was tun?.... 157
    Ich habe Schmerzen bei Slow Sex, was kann ich tun?....... 159

Ich schlafe beim Slow Sex ein, ist das verkehrt?................ 161

Mir fehlt die Lust beim Slow Sex................................. 162

Nach dem Üben – Wie geht es weiter?............................ **165**

15 Minuten Slow Sex: der tantrische Quickie..................... 166

Heißer Slow Sex... 167

Ermutigung und Ausblick.. 179

ANHANG.. **181**

Möglichkeiten mehr zu lernen.................................... 182

Slow Sex-Onlinekurs: zuhause lernen, uns jederzeit Fragen
stellen und sich anonym mit anderen Paaren austauschen... 182

Coaching: Konflikte lösen und gemeinsam individuelle
Wege zum Slow Sex entwickeln................................ 184

Danksagungen... 184

Über die Autoren... 185

Yella Cremer, Autorin, Speakerin und Coach.................... 185

Samuel Cremer, Trainer und Coach............................. 186

Yella & Samuel.. 187

Wenn dir das Buch gefallen hat................................. 200

Vorwort von Ilan Stephani

Ist Slow Sex... langweilig?

Sich beim Sex nicht bewegen und einfach nur entspannen? Auf diese Weise buchstäblich Liebe machen und in selige Orgasmen gleiten?

Nun ja. Mein erstes Mal Slow Sex war eine ernüchternde Erfahrung, weit weg von Verschmelzung und Ekstase. Ich hatte ein Buch über Slow Sex gelesen und wusste, dass mein Partner und ich uns unsere orgasmischen Empfindungen mitteilen sollten... Leider spürten wir nichts, und schwiegen verlegen vor uns hin.

Sex war bis dato eher ein Machen als ein Spüren gewesen. Ich hatte Sex konsumiert, statt ihn zu feiern. Ich hatte ihn gehabt, statt von ihm zu lernen.

Nun erlebte ich, dass meine Genitalien so sehr an Aktion und Reibung gewöhnt waren, dass ich in der Stille und Entspannung kaum noch sexuelle Empfindungen hatte. „Ich glaube, Slow Sex ist echt nicht mein Ding", dachte ich heimlich.

Zu stolz, um aufzugeben? Zu neugierig - oder zu unbefriedigt mit dem sexuellen Programm, das ich kannte? Jedenfalls bin ich drangeblieben, und nach all den Erfahrungen mit Slow Sex gibt es dieses eine Rezept, das ich mit Leib und Seele weitergeben möchte: Dranbleiben!

Gib dem Slow Sex seine Zeit, damit er dir seine Schätze zeigen kann.

Meine Reise in den Slow Sex bewirkte, dass ich mein Erwarten und Wollen verlernte. Slow Sex tauchte mich tief in eine Phase der sexuellen Wandlung, ich würde sagen: Meine ursprüngliche Sensibilität und Sinnlichkeit öffneten sich wieder. Statt Langeweile erlebte ich: Slow Sex ist Highspeed für sexuelle Transformation!

Meine Vagina wurde so viel empfindsamer, und der Rest meines Lebens... wurde es auch.

Ich ging weicher und ruhiger um mit mir selbst und das übertrug sich automatisch auf den Umgang mit anderen Menschen.

Zum Beispiel fiel mir auf, mit wie viel Selbstkritik und -vorwürfen wir „sexuelle Probleme" erleben und dass wir voller Scham die Ursache für Schwierigkeiten im Bett bei uns selbst suchen.

Durch Slow Sex begann ich, dieses Muster gründlich zu hinterfragen: Wenn ein Mensch ein sexuelles Problem hat, zum Beispiel ein Mann, der vorzeitig ejakuliert, was ist dann wirklich das Problem? Wenn eine Frau keine Lust auf Sex hat, geht es dann wirklich darum, was mit ihr nicht stimmt?

Heute bin ich überzeugt: Nein. Es ist nicht der Sex an sich, mit dem wir nicht zurechtkommen, sondern es sind die sexuellen Botschaften der Kultur, gegen die unser Körper rebelliert.

Ich erlebe diese körperlichen Signale unserer Essenz als immens wichtig, als eine heilige Rebellion unserer angeborenen sexuellen Weisheit.

Slow Sex schenkte mir das, was wir alle ersehnen, ein unbegrenztes sexuelles Selbstvertrauen – in jede und jeden von uns! Ja, doch (und sei es noch so oft zu schön, um wahr zu sein): Wir alle sind erotisch hochbegabte Wesen, deren innere sexuelle Weisheit unfehlbar ist, wenn wir sie wieder zulassen.

Heute sage ich: Es gibt keine sexuellen Probleme. Es gibt keine Menschen, die dem Thema Sex nicht genügen würden. Es gibt keine un-sexuellen Menschen. Aber es gibt unzählige sexuelle Botschaften, die einfach nicht stimmen.

Die Magie des Slow Sex liegt nicht darin, dass er der bessere Sex wäre, der richtige oder der heiligste. Im Prinzip geht es beim Slow Sex gar nicht um Slow Sex, es geht um einen Weg, die ureigene Sexualität wiederzufinden - in ihrer individuellen, unverwechselbaren, einzigartigen und reichen Schönheit.

Diese eigene Essenz wiederzufinden ist eine Heldenreise. Denn in kaum einem Bereich fällt es uns wahrscheinlich so schwer wie im Sex, unsere Gewohnheiten fallenzulassen. Aber, wir werden auch in kaum einem Bereich so reich, glücklich und großzügig für unseren Mut beschenkt.

Als ich zu dieser Reise aufbrach, gab es weniger als eine Handvoll Bücher zu dem Thema. Dann erfuhr ich, dass Yella und Samuel Cremer an einem Onlinekurs und einem Buch arbeiteten, um Slow Sex jedem Paar zugänglich zu machen. Eine in sich ekstatische Freude für mich!

Nun hältst du eines der neuesten und besten Bücher zu dem Thema in den Händen. Möge Slow Sex ein sanfter Mutschritt für dich und ein magisches Abenteuer werden!

Ilan Stephani
März 2019, Berlin

Unsere Slow Sex-Story
- die Kurzversion

Wir geben es zu: Wir waren die größten Slow Sex-Skeptiker, bevor wir unseren ersten guten Slow Sex hatten.

Wir brauchten Slow Sex, weil unser eigenes Sexleben uns frustrierte und wir nicht weiter wussten. Nach einer sehr schönen Zeit der anfänglichen Verliebtheit wurde Sex in unserer Beziehung immer schwieriger – und seltener. Wir waren in der typischen Situation wie viele Langzeitpaare: Sex passierte nicht mehr „wie von allein" und unsere sexuellen Einladungen schienen immer öfter auf taube Ohren beim anderen zu stoßen. Die richtige Stimmung wollte sich einfach immer seltener einstellen und wir waren beide frustriert, denn jeder dachte, alles richtig zu machen.

Ich, Yella, hatte schon zu einem früheren Zeitpunkt ein Slow Sex-Retreat bei Diana Richardson mit einem anderen Partner besucht, fast zufällig nachdem eine Freundin strahlend davon zurückgekommen war und ich sofort herausfinden wollte, was sie dort gelernt hatte. Erst nach der Anmeldung las ich die ersten Bücher über Slow Sex und ich hatte ganz schöne Bedenken, ob mich (oder mein Partner sich) nicht langweilen würde. Das Retreat belohnte meinen Mut, mich auf etwas komplett Neues einzulassen, mit vielen positiven Erfahrungen und mit einer Art Geheimwissen, um auf eine andere Weise Sex zu erleben, die kaum jemand kannte.

Als Samuel und ich viele Jahre später Schwierigkeiten in unserem Sexleben hatten, erinnerte ich mich an die vielen positiven Effekte von Slow Sex und ich versuchte, Samuel für Slow Sex zu interessieren. Er war jedoch wenig überzeugt von meiner Idee und befand die ersten Versuche als äußerst langweilig. Erst als ein anderer Mann ihm von Slow Sex vorschwärmte und erzählte, dass er diesen schon 10 Jahre mit wachsender Begeisterung praktizierte, wurde auch Samuel neugierig und wir meldeten uns für ein 7-tägiges Retreat bei den Slow Sex-Lehrern Hella und Christian an. Wir lernten dort sehr viel, sowohl aus unseren wunderbaren Erfahrungen als auch aus unseren Fehlern. Der gemeinsame Slow Sex löste nicht nur unsere sexuellen Probleme, sondern brachte uns einander näher als je zuvor. Slow Sex bekam einen festen Platz in unserem Leben und je mehr wir weiter darüber forschten und unseren Freunden davon erzählten, desto öfter fragten uns Menschen, wie Slow Sex denn nun genau funktioniert. Wir beide hatten schon Erfahrung als Trainer, Coaches und Autoren, doch dieses Thema war eine komplett neue Herausforderung! Wir begannen, unseren eigenen Weg zu finden, über unsere persönlichen Erfahrungen mit Slow Sex öffentlich zu sprechen und einen Stil zu entwicklen, wie sich Slow Sex nach unserer Erfahrung am besten lernen lässt. Seit 2015 halten wir Vorträge zum Thema Slow Sex in Deutschland, Spanien, Kalifornien und Australien. 2017 begannen wir, den ersten Onlinekurs für Slow Sex auf Deutsch zu produzieren. Dazu beschäftigten wir uns tatsächlich über mehrere Wochen jeden Tag damit, ein möglichst sicheres Lernkonzept und eine Schritt-für-Schritt-Anleitung zu entwickeln und mit einigen Paaren zu testen. Daraufhin verbrachten wir weitere 5 Monate damit, dieses Lernkonzept in einen verständlichen und einfühlsamen Videokurs zu verwandeln. Im Dezember 2017 öffneten sich schließlich die Tore für die ersten 100 Paare, die schon im Rahmen unserer CrowdFunding-Kampagne[1] ein Paar-Ticket gekauft und uns dadurch viel Motivation gegeben hatten.

Slow Sex ist für uns ein echtes Herzensthema. Wir sind überzeugt, dass jedes Langzeitpaar die Fähigkeit von Slow Sex braucht, um eine dauerhafte, lebendige sexuelle Beziehung zu führen. Manche Paare nennen es nicht Slow Sex, sondern praktizieren einfach eine achtsame, absichtslose Sexualität, die Raum für Entspannung und Nähe schafft. Für alle, die bisher nicht genau wussten, was das fehlende „Etwas" in ihrer sexuellen Beziehung ist: In diesem Buch findest du unsere gesammelten Erfahrungen, unsere besten Strategien und erprobte Wege, um dir Slow Sex zu erschließen und so leicht wie möglich deine eigenen positiven Erfahrungen zu machen. Slow Sex-Skeptiker sind uns hier ganz besonders willkommen.

Yella und Samuel, Mai 2019,
Krumbecker Hof,
Stockelsdorf

---

1 - Crowdfunding ist eine Möglichkeit, im Internet ein Projekt auszuschreiben und vor der Realisierung möglichst viele interessierte Menschen zu finden, die das Projekt finanziell unterstützen und dafür eine Belohnung bekommen, wenn das Projekt zustande kommt.

Einleitung

Ein paar Worte zur Sprache in diesem Buch

In diesem Buch schreiben wir über Sex auf klare und direkte Art und Weise, jedoch immer freundlich und nicht aufdringlich oder peinlich. Die liebevolle Sprache ist uns ein großes Anliegen.

Sollten wir einmal nicht die perfekten Worte für dich treffen, bitten wir dich, das zu nehmen, was für dich nützlich ist und alles andere einfach an dir vorbeiziehen zu lassen.

✱ Wo wir das Wort „Partner" verwenden, meinen wir damit deinen Liebespartner oder eben die Liebespartnerin- je nachdem, wer das Buch liest. Anstatt „dein Partner und deine Partnerin" zu schreiben, setzen wir einen * dahinter, als kleiner Hinweis, dass wir beide meinen.

Für Ungeduldige: das Wesentliche in Kürze

Für Menschen, die nicht so gerne lesen oder die sich schnell einen Überblick verschaffen wollen, haben wir am Ende jedes Kapitels eine kurze Zusammenfassung der wesentlichen Gedanken mit der Überschrift "Das Wesentliche in Kürze" eingefügt. Praktischerweise ist sie auch grau unterlegt, so findest du sie beim Blättern schnell.

Wie Slow Sex euer Leben verändern wird

Wir haben alle viele Vorstellungen davon, wie Sex funktioniert. Im Laufe des Lebens merken wir, dass wir mit diesen Vorstellungen irgendwann an Grenzen stoßen. Vielleicht bist du jemand, der genau an so eine Grenze gestoßen ist. Vielleicht bist du auch einfach nur neugierig, was es mit Slow Sex auf sich hat. Oder du denkst: „Super, Slow Sex. Also das Gleiche wie immer, nur langsamer." Dass dem nicht so ist, wirst du in diesem Buch lernen. Vielleicht bist du richtig skeptisch, was Slow Sex angeht. Das fänden wir sehr verständlich, denn es gibt in den gängigen Medien wenig Informationen zu Slow Sex und deswegen werden wir im nächsten Kapitel zu vielen verschiedenen Bedenken etwas sagen.

Slow Sex bietet dir, wenn du dich darauf einlässt, ganz neue Möglichkeiten, Sexualität zu erleben. Viele der Hindernisse, die dich bisher im konventionellen Sex scheitern ließen, spielen hier keine Rolle.

In diesem Buch wirst du immer wieder den Begriff „konventioneller Sex" lesen. Damit ist Sex gemeint, der immer mit Lust, Leidenschaft und heißen Stellungswechseln zusammenhängt. Also der Stoff, aus dem Hollywood-Filme, Porno- und Erotikromane, aber auch sexuelle Fantasien, Fetische und gesellschaftliche Normen gemacht sind. Konventioneller Sex entspringt der sexuellen Matrix. Ein Begriff, den Ilan Stephani in ihrem Buch „Lieb und teuer- Was ich im Puff über das Leben gelernt habe" prägte. *„Diese sexuelle Matrix unserer Kultur definiere ich als Netz aus Prägungen, Geboten, Verboten, Gewohnheiten, Filmen, Bildern und Geheimnissen, das unseren Sex umgibt.[...] Was genau ist die ‚sexuelle Matrix'? Kurz gesagt ist es unser sexueller Stress. Die sexuelle Matrix ist der Sammelbegriff für alle Gewohnheiten, Überzeugungen und Konditionierungen, die das Thema Sex in unserer Kultur durchziehen.*

Für diesen sexuellen Stress gibt es unzählige Beispiele:

- ✦ *Männer brauchen für Sex eine Erektion [...]*
- ✦ *Richtiger Sex heißt, ein Mann bewegt seinen erigierten Penis in einer Vagina [...]*
- ✦ *Sex endet durch die Ejakulation des Mannes [...]*
- ✦ *Orgasmen passieren in den Genitalien [...]"*

Doch lass uns jetzt in den Slow Sex eintauchen. Noch bevor es um Technik und Lernen, Theorie und innere Haltung geht, möchten wir dich gleich zu Anfang neugierig machen, indem wir dir erzählen, wie Slow Sex dein Leben verändern kann. Diese Effekte beobachten viele Paare, die Slow Sex zu einem Bestandteil ihres Sexlebens gemacht haben. Doch lies selbst und freu dich darauf, was du für dich gewinnen kannst, wenn du dich auf das Abenteuer Slow Sex zu lernen einlässt.

Weil deine Sexualität eine ganz neue Dimension hinzu gewinnt, wirst du auch in deiner Beziehung eine Vielzahl positiver Veränderungen bemerken, die ganz von alleine geschehen.

Stell dir vor, du lebst Slow Sex mit deinem Partner* bereits seit einer Weile. Dann schaust du zurück und bemerkst, dass **deine Sexualität** ganz anders aussieht und sich anders anfühlt, als du sie bisher erlebt hast:

+ Du hast kaum noch schlechten Sex.
+ Du findest es leicht, mit deinem Partner* Sex anzufangen.
+ Gegenseitige sexuelle Vorwürfe sind weggefallen.
+ Du weißt schon davor, dass der Sex schön sein wird.
+ Es macht für dich keinen großen Unterschied, ob jemand eine Erektion hat bzw. feucht wird oder nicht.
+ Du brauchst für Sex nicht mehr in der richtigen besonderen Stimmung zu sein oder dich in eine erotische Stimmung zu bringen.
+ Du erlebst während des Sex tiefe Nähe und Intimität mit deinem Partner.
+ Sex ist nie langweilig, sondern hat viele Facetten.
+ Du machst mit Slow Sex spirituelle Erfahrungen (wenn du offen dafür bist).
+ Du musst keine Erwartungen erfüllen, sondern darfst einfach sein.
+ Nach dem Sex fühlst du dich frisch und genährt.
+ Du bist sexuell satt.
+ Dein Energieniveau ist höher.
+ Du strahlst nach dem Sex und ein Lächeln bleibt manchmal für Tage auf deinen Lippen.

Bereits nach den ersten guten Erfahrungen mit Slow Sex wirst du bemerken, wie sich **deine Beziehung** deutlich vertieft hat:

+ Du fühlst dich geborgen und deinem Partner* zugehörig.
+ Slow Sex stärkt deine Beziehung; besonders monogame Beziehungen, denn er stärkt die Bindung zueinander.

✦ Du hast sexuelles Vertrauen zu deinem Partner*.

✦ Oft seid ihr nach dem Sex wie frisch verliebt.

✦ Du bist viel zufriedener mit dir und mit deinem Partner*.

✦ Slow Sex bringt allgemein mehr Frieden und Harmonie in deinen Beziehungsalltag.

Wenn du dir jetzt noch nicht vorstellen kannst, wie das alles möglich ist und wenn du dem Ganzen noch keinen rechten Glauben schenken kannst, dann ist das sehr verständlich. Doch im Laufe des Buchs wirst du herausfinden, wie genau diese Effekte zustande kommen können. Und vor allem zeigen wir dir den Weg, wie du deine eigenen Erfahrungen machen kannst. Dieses Buch nimmt dich mit auf eine Abenteuerreise in eine neue und andere Erlebnis-Dimension in Sachen Sex. Wir sind überzeugt: Wer sich auf Slow Sex mit einem Menschen einlässt, den er liebt, findet die Erfüllung einer langgehegten Sehnsucht.

Falsche Vorstellungen über Slow Sex

Slow Sex ist relativ unbekannt, man lernt nichts darüber in der Schule oder im Fernsehen und es wird selten darüber in der Zeitung oder in Magazinen berichtet. Daher wissen viele Menschen wenig über Slow Sex und es gibt einige falsche Vorstellungen, was Slow Sex ist. Diese Vorstellungen wollen wir gleich am Anfang aus dem Weg räumen, damit der Blick frei für das wird, was Slow Sex wirklich ist.

Slow Sex ist einfach langsamer Sex

Der Name Slow Sex erzeugt in vielen Menschen das Bild, dass es sich hierbei lediglich um langsamen Sex handelt. Du wirst zwar sehen, dass das Tempo wahrscheinlich gegenüber dem, was du bisher kennst, eher reduziert ist. Doch diese Langsamkeit kommt nicht etwa daher, dass du das Gleiche wie immer machst, nur langsamer, sondern daher, dass du auf ganz andere Dinge beim Sex achtest und in einer ganz anderen inneren Haltung bist. Diese Verschiebung des Fokus bringt ein Vielfaches bewusster Empfindungen und gefühlter Intensität mit sich und führt deshalb automatisch zu einer Entschleunigung. Slow Sex ist daher auf keinen Fall einfach nur langsamer Sex. Die Langsamkeit ist vielmehr eine Konsequenz daraus, mehr genießen zu wollen, und eine Haltung von Absichtslosigkeit, als eine Technik oder Strategie, den Sex lediglich langsamer zu machen. Du kannst es dir wie die Zeitlupe im Sport vorstellen: Besonders wichtige Szenen und Situationen, die nicht ganz eindeutig waren, werden in Zeitlupe wiederholt, um ganz genau herauszufinden, was geschieht. Im Slow Sex nutzt du die Langsamkeit genau so. Slow Sex kann langsam sein, muss er aber nicht.

Slow Sex ist langweilig

Vielleicht geht es dir aber auch so, dass in deiner Vorstellung Slow Sex unglaublich langweilig sein muss, weil vermeintlich nicht viel passiert. Auch das ist nicht der Fall, denn beim Slow Sex wirst du für dich eine ganz neue Wahrnehmungswelt entdecken, die in ihren leisen und tiefen Tönen sehr bewegend und aufregend sein kann. Du wirst lernen, auf andere Weise in dich hineinzuhören und einen anderen Blick auf Sex bekommen. Das ist eine spannende Entdeckungsreise und genau so, mit der Haltung eines genießenden Entdeckers und Forschers, wirst du sehr viel Fülle und Erlebnisreichtum in dein Sexleben bringen.

Slow Sex ist lediglich Blümchensex

Die Tiefe, die beim Slow Sex entsteht, macht diese Reise und die damit verbundenen Erlebnisse spannend und bewegend. Du könntest auf die Idee kommen, dass sich das nach Blümchensex anhört. Nun, Slow Sex schließt nichts aus. Slow Sex ist vielmehr als Geisteshaltung und Einstellung zu verstehen, die zu einem anderen Verhalten im Bett und damit zu neuen Erfahrungen führt. Wie du den Sex dann konkret gestaltest, bleibt dir überlassen. Wer die Slow Sex-Kunst beherrscht, kann jede bekannte Sextechnik und Sexstellung mit dieser Haltung praktizieren, denn im Slow Sex ist alles *erlaubt*. Allerdings erst, wenn du Slow Sex von Grund auf gelernt und verinnerlicht hast. Slow Sex ist somit bei Weitem nicht nur Blümchensex. Was Slow Sex definitiv von Anfang an bietet, ist eine enorme Gefühlstiefe, die kaum woanders zu finden ist.

Slow Sex ist das Gleiche wie Tantra

Manche Menschen verwechseln Slow Sex auch mit Tantra und Tantra-massagen. Tantramassagen sind Massage-Rituale, die Achtsamkeit und Wertschätzung beinhalten. Slow Sex ist insofern mit Tantra verwandt, als dass auch Slow Sex in Achtsamkeit, Wertschätzung und Absichtslosigkeit geschieht. Allerdings sind keine Massagegriffe zu erlernen und es geht – im Gegensatz zur Massage – um die Erlebenswelten *beider* Partner*, wodurch eine sehr schöne Verbindung zwischen ihnen geschaffen wird. Tantra kann auch ohne Slow Sex wunderbar gelebt werden und anders-herum.

Slow Sex hat immer mit Spiritualität und Esoterik zu tun

Auch mit Esoterik hat Slow Sex nichts zu tun. Für diejenigen, die offen dafür sind, gibt es zwar immer wieder Ergänzungen in Form von spirituellen Erklärungen, wie die oft unerklärlichen Effekte von Slow Sex zustande kommen. Allerdings entfaltet Slow Sex seine Wirkung aus dem absichtslosen Geschehenlassen und nicht, weil man irgendeinen Hokuspokus veranstaltet. Die eso-terisch angehauchten Erklärungen der sexuell-energetischen Vorgänge

in den Körpern von Mann und Frau sind also eher ein Sahnehäubchen für den Verstand, aber keine zwingende Voraussetzung. Du musst nichts glauben, um einen wunderbare Slow Sex Erfahrung zu machen.

Slow Sex ist besser als konventioneller Sex

Manches Mal haben wir auch gehört, dass Slow Sex besser als anderer Sex sein soll. Was für dich persönlich besser oder schlechter ist, hat sehr damit zu tun, welche individuellen Bedürfnisse du gerade mit dem Sex erfüllen möchtest. Keine sexuelle Spielart ist per se besser oder schlechter als eine andere. Wie du es erlebst, hängt stark mit deinen Erwartungen zusammen. Wenn du dir dessen bewusst bist, wirst du mit hoher Wahrscheinlichkeit genau den Sex ausleben, der gerade für dich der passende ist. Damit ist jeder Sex, der im Einverständnis mit allen Beteiligten stattfindet und den du praktizieren möchtest, gut, solange er zu deinen Bedürfnissen passt.

Slow Sex nimmt dir etwas weg

Bevor sie sich auf die Entdeckungsreise von Slow Sex begeben, haben vie-le Menschen ganz viele Bilder und Ideen davon, wie dieser funktioniert. Einige Menschen haben Angst davor, dass man ihnen etwas Liebgewon-

nenes wegnimmt. Diese Angst wollen wir mit diesem Buch nehmen.
Denn Slow Sex nimmt dir nichts weg. Er wird dein Sexleben bereichern
und erweitern, anstatt es zu schmälern. Denn du wirst etwas dazulernen,
dafür wird nichts Bestehendes ausradiert oder gelöscht. Wir sagen ganz
klar: Slow Sex ist kein Ersatz, er ist eine gute und wichtige Ergänzung!

Slow Sex ist nur eine Art des Vorspiels

Weil Slow Sex viel Achtsamkeit beinhaltet und nicht immer zum Orgasmus führt, meinen manche, dass er lediglich das Vorspiel ist. Das ist
ganz klar nicht der Fall. Sexualität ist nicht immer mit einem Orgasmus
gekoppelt. In der Tat macht die Idee, dass Sex und Orgasmus gekoppelt
sein müssen, viele Menschen sehr unglücklich. Durch Slow Sex lernst du,
sehr zufrieden mit deinem Sex zu sein und jederzeit alles zu genießen,
was da ist, auch wenn es nicht zum Orgasmus kommt. Denn der Orgasmus ist, anders als beim konventionellen Sex, nicht das erklärte Ziel von
Slow Sex. Beim Slow Sex findet der Genuss in jedem einzelnen Moment
statt, nicht erst beim Orgasmus.

Slow Sex verbietet den Orgasmus

Manchmal begegnen wir dem Missverständnis, dass Slow Sex Orgasmen
verbietet. Das ist nicht der Fall. Du wirst zwar auch in diesem Buch feststellen, dass wir empfehlen, in der Übungsphase und über bestimmte
Zeiträume auf Orgasmen zu verzichten. Das liegt jedoch nicht daran, dass
es bei Slow Sex darum geht, Orgasmen zu vermeiden, sondern es hilft dir
dabei, die Slow Sex-Haltung von Grund auf zu erlernen und einzuüben.
Sie unterscheidet sich deutlich von der konventionellen Haltung und der
Gewohnheit, dass es bei Sex vor allem um sexuelle Spannung und eine
„Orgasmus-Belohnung" geht. Da die meisten Menschen viel länger diese
konventionelle Haltung trainiert haben, benötigen sowohl der Körper als
auch der Geist eine Pause, um einer anderen Haltung Platz machen und
diese üben zu können. Wenn du dich beim Slow Sex sicherer fühlst und
mehr von der entsprechenden Haltung verinnerlicht hast, darfst du so oft
du möchtest Orgasmen entstehen lassen.

Slow Sex ist nur etwas für Frauen

Manche Menschen stellen sich vor, Slow Sex sei nur für Frauen befriedigend. Slow Sex bereichert beide Geschlechter enorm, wenn sie sich darauf einlassen. Schließlich geht es um tiefe Nähe und Verbindung zu sich und dem anderen, was völlig unabhängig vom Geschlecht ist. Slow Sex bietet auch die Möglichkeit, aus belastenden Rollenmustern auszusteigen, indem du dich ganz bewusst für eine völlig andere Art des Sex entscheidest, bei dem es keine Vorschriften oder zu erreichenden Ziele gibt. Das löst beide Geschlechter aus den oft vorherrschenden Mustern. Das heißt, dass Männer nicht mehr die Leistungsbringer sein müssen, die alles wissen und können und Frauen nicht mehr auf alles reagieren, alles genial finden oder Orgasmen vortäuschen müssen, weil es irgendwie erwartet wird. Natürlich gibt es unendlich viele andere Ideen, wie Frauen und Männer beim Sex sein sollten. Um die geht es im Slow Sex definitiv nicht, sondern nur um das, was zwischen dir und deinem Partner* von Moment zu Moment geschieht – also was immer wieder jetzt ist. Männer, die Slow Sex praktizieren, berichten von intensiven und sehr befriedigenden Erfahrungen und können sich ein Leben ohne Slow Sex sehr bald nicht mehr vorstellen.

Slow Sex braucht man(n) nur, wenn man Erektionsprobleme hat

Manche Menschen denken, dass erst etwas „kaputt" sein oder fehlen muss, bevor man Slow Sex lernt und dass er so eine Art „Ersatzsex" für Menschen ist, bei denen „normaler" Sex nicht (mehr) funktioniert. Wir sehen das ganz anders. Oft ist der Grund, weshalb Menschen sich mit ihrer Sexualität beschäftigen, der, dass etwas nicht mehr wie erwartet funktioniert. Wer Slow Sex erlebt, merkt jedoch schnell: Es geht nicht um einen Ersatz, sondern um eine neue, zusätzliche Art, Sexualität zu erleben. Manchmal braucht es einen Grund, sich für etwas Neues zu öffnen.

Slow Sex ist nicht lustvoll

Vielleicht fragst du dich, ob Slow Sex überhaupt geil und lustvoll ist. Geil ist Slow Sex eher nicht. Slow Sex birgt jedoch großes ekstatisches und orgasmisches Potential. Allerdings erst nach den Übungsphasen. Damit sich die Lust in ungeahnte Höhen schwingen kann, muss Slow Sex erst einmal erlernt werden. Auf dem Fundament von Achtsamkeit, Absichtslosigkeit und Entspannung kann sich dann die Lust entfalten. Diese wird jedoch meist nicht unbedingt als geil empfunden, sondern eher als unglaublich lustvoll. Da du im Slow Sex sehr entspannt bist, kann sich die Lust leichter über den ganzen Körper ausbreiten. Allerdings kann und sollte man diese Lust nicht erwarten. Du lernst, sie einzuladen und ihr zu folgen, wohin auch immer sie dich führt. Es ist ungewohnt, sich so eine Sexualität vorzustellen und du fragst dich sicherlich, wie das funktionieren kann. Genau darauf wirst du in diesem Buch Antworten finden, die du für dich erforschen, anpassen und umsetzen darfst.

Das Wesentliche in Kürze:

Es gibt viele Vorstellungen, Missverständnisse und Vorurteile gegenüber Slow Sex. Wir empfehlen dir, dich auf das Neue einzulassen. Es wird dir nichts weggenommen. Slow Sex erweitert deine sexuelle Spielwiese um eine neue Art Sex. Du lernst, eine andere Art Sex wahrzunehmen, in dich hinein zu hören, anstatt Erwartungen und Vorstellungen zu erfüllen. Slow Sex bietet dir die Chance, alte Muster völlig beiseite zu stellen und neue Dimensionen sexueller Geborgenheit zu erfahren. Slow Sex ist immer wieder eine Forschungsreise, auf der es viel zu lernen und zu erleben gibt. Das Schönste ist: Die allermeisten, wenn nicht alle Paare, empfinden es als sehr befreiend, Slow Sex als Ergänzung zum konventionellen Sex zu haben - so hast du jederzeit die Wahl, was du mit deinem Partner* gerade erleben möchtest. Auch uns hat Slow Sex mehr Wahlmöglichkeiten für unser Liebesleben gegeben. Das hat uns sehr befreit und wir haben darüber hinaus gemerkt, wie leicht, sättigend und nährend Sex in Wirklichkeit sein kann.

Das ist Slow Sex - kurz gesagt

Nachdem du jetzt schon alles darüber gelesen hast, was Slow Sex *nicht* ist und wie er dein Leben verändern kann, stellst du dir vielleicht die Frage, was Slow Sex nun eigentlich ist.

Slow Sex ist eine Form der Sexualität, bei der es darum geht, dir, deinem Körper, dem gegenwärtigen Moment und deiner Wahrnehmung zu lauschen. Es ist eine achtsame und absichtslose Weise, sich mit dem Partner* sexuell auszutauschen und sich gegenseitig nah zu sein, ohne Erwartungen erfüllen zu müssen, ohne Ziele zu erreichen, ohne etwas leisten zu müssen. Einfach nur gemeinsam **da zu sein, eure Körper und den Moment zu genießen.**

Diese Achtsamkeit und das sich und dem Partner* Lauschen bringt ungeahnte Nähe und Liebe mit in den Sex. Schließlich lernst du, deine Erlebens- und Gefühlswelt mit deinem Partner* zu teilen und umgekehrt. Dadurch lernt ihr euch auf einer tieferen persönlichen und sehr empfindsamen Ebene kennen, die euch noch mehr miteinander verbinden wird.

Vielleicht hört sich das noch etwas wenig konkret an.
Was das alles genau beinhaltet, wirst du nach und nach in diesem Buch entdecken. Versprochen!

Was habe ich als Mann von Slow Sex?

Bevor du dich jetzt in den inhaltlichen Teil des Buchs stürzt und dich aktiv ans Slow Sex-Lernen machst, möchten wir dir als Mann die Gelegenheit geben, dich zu versichern, dass Slow Sex auch für dich ein Gewinn ist.

Unsere Gesellschaft stellt es manchmal so dar, als wüssten gerade Männer genau, welcher Sex ihnen guttut und sie müssten nur noch die Frau überzeugen, mitzumachen. Oft stimmt das gar nicht, denn auch Männer erleben beim Sex Stress und sind mit der Qualität unzufrieden, ohne zu wissen, wie Sex für sie besser funktionieren könnte.

Leistungsdruck aus Angst zu versagen

Aus unseren Vorträgen, Coachings und Kursen wissen wir, dass viele Männer es irgendwann leid sind, immer nur leisten zu müssen, im richtigen Moment eine Erektion zu haben und ständig die anstrengendsten Stellungen einzunehmen, um die Partnerin glücklich zu machen.

Denn das ist es, was Männer tatsächlich beim Sex meistens wollen: ihre Frauen glücklich machen. Deshalb glauben sie, dass sie sich viel einfallen lassen müssen, um um jeden Preis zu vermeiden, dass ihre Frauen schlechten, unbefriedigenden Sex haben, der nicht geil genug ist. Denn sie fürchten, ihre Frauen zu verlieren, wenn diese keinen zufriedenstellenden Sex haben. Was wiederum dazu führt, dass sie noch mehr Angst empfinden, zu versagen und der Druck im Bett immer größer wird. Deshalb suchen sie noch mehr Sextechniken und der Sex artet manchmal in einen an Gymnastik erinnernden Stellungswechsel aus. Das hat wenig mit Sex zu tun, sondern eher mit harter körperlicher Arbeit, die meist nicht einmal das bewirkt, was sie sich erhoffen: sexuell zufriedene Frauen.

Frust, weil die Frau nicht mitmacht

Früher oder später merken die meisten Männer, dass ihre Frauen immer seltener Sex mit ihnen möchten. Nach und nach ist der Sex nicht mehr so häufig oder so heiß wie am Anfang. Die Kreativität kommt abhanden oder alles andere im Alltag scheint wichtiger zu sein als der Sex mit ihm. Sie vermissen die Nähe zu ihrer Frau und vor allem das sexuelle Willkommensein bei ihr.

Frust durch Erektionsprobleme

Manche Männer kämpfen mit Erektionsproblemen, die durch gesundheitliche Probleme, Stress, Alter oder andere, ungeklärte Ursachen hervorgerufen werden. Sie wissen nicht, wie sie ohne Erektion eine zufriedenstellende Sexualität erleben können und ob das jemals wieder möglich ist. Ganz zu schweigen davon, dass sie nicht wissen, wie und ob sie ihren Frauen je wieder sexuell nah sein können. Das führt oft zu großer Frustration, Hilflosigkeit und seelischen Schmerzen. Die Männer ziehen sich nach innen zurück und werden manchmal reizbar, abweisend und bitter.

Teufelskreis aus Bedürftigkeit und unstillbarem Sexhunger

Manche Männer fühlen sich wie getrieben und können von Sex eigentlich nie genug bekommen. Jede sexuelle Begegnung erzeugt mehr Lust oder Frust. Je mehr Sex sie bekommen, desto mehr wollen und brauchen sie ihn. Wenn sie weniger Sex bekommen, als sie brauchen, steigt wiederum der Druck, mehr Sex zu haben. Egal ob sie viel oder (zu) wenig Sex haben, sie sind in einem Teufelskreis von Bedürftigkeit und Sexhunger gefangen und die eigene Lust scheint nie ganz stillbar zu sein.

„Unmännlich" weil lustlos

Nicht wenigen Männern geht selbst die Lust auf Sex verloren. Meist wissen sie nicht genau, weshalb das so ist, sie spüren lediglich, dass es so ist. Da in unserer Gesellschaft die Lust auf Sex eine scheinbar männliche Domäne ist, begleitet diesen Lustmangel oft auch das Gefühl, unmännlich zu sein. Das führt dazu, dass manche Männer nicht mehr wissen, wie sie ihren Frauen sexuell begegnen sollen und in weiterer Folge dazu, dass sich die Partner* sexuell nicht begegnen oder dass sich die Männer ihren Frauen verweigern und gleichzeitig selbst darunter leiden. Eine sehr schwierige Situation für beide Partner*, über die selten gesprochen wird.

Slow Sex bietet einen leichten, friedvollen und zusätzlich noch erfüllenden Ausweg aus diesem Teufelskreis und allen oben erwähnten Frust- und Stressthemen.

Wenn du als Mann einige Zeit Slow Sex praktizierst, wirst auch du erfahren, was wir von praktisch allen Slow Sex-erfahrenen Männern hören:

✦ Du fühlst dich bei deiner Frau plötzlich sexuell willkommen, möglicherweise so sehr wie (noch) nie zuvor. Die meisten Männer sind freudig überrascht und beglückt, wie offen ihre Frauen für diese neue Art Sex geworden sind.

✦ Du kannst deine Frau ganz leicht körperlich und seelisch nähren und sexuell sättigen, ohne etwas Bestimmtes leisten zu müssen.

- ✦ Der Druck, sie befriedigen zu müssen oder in irgendeiner anderen Form etwas leisten zu müssen, hat nachgelassen und ist nach einer Weile ganz verschwunden. Der Sex ist sehr entspannt geworden. Möglicherweise haben sich dadurch auch die Erektionsschwierigkeiten verbessert, wenn sie psychische Ursachen hatten.

- ✦ Du genießt es sehr, dass du richtig guten Slow Sex sowohl mit, als auch ohne Erektion haben kannst, eben mit und ohne Lust. Das bedeutet, dass du sexuelles Glück ganz ohne Orgasmus-, Ekstase- oder Erregungsdruck erlebst.

- ✦ Du hast gelernt, mit deinem Penis immer mehr und immer sensibler wahrzunehmen und zu genießen.

- ✦ Du hast Freundschaft mit deiner eigenen sexuellen Energie geschlossen, weil du sie in ganz vielen feinen Facetten kennengelernt hast.

- ✦ Du wunderst dich darüber, wie leicht du tief sexuell gesättigt bist und wie lange es her ist, dass du dich bedürftig gefühlt hast.

Was habe ich als Frau von Slow Sex?

Auch dir als Frau möchten wir vor dem Eintauchen in den praktischen Inhaltsteil des Buchs die Gelegenheit geben, herauszufinden, was dir Slow Sex bieten kann.

Frauen wollen nicht weniger Sex als Männer, sie wollen anderen Sex

Vielen Frauen geht es mit den Jahren so, dass sie ihren Partnern gerne näher wären, als es durch konventionellen Sex gelingt. Die Bemühungen ihrer Partner führen jedoch nicht dazu, dass es sich für sie richtig anfühlt. Oft fühlen sich Frauen zu wenig „gesehen", zu wenig berührt und es bleibt oft ein schales Gefühl, dass ihre Partner nur Sex *von* ihnen wollen, jedoch nicht *mit* ihnen. Dadurch entfernen sie sich vom konventionellen Sex und wünschen sich etwas anderes, was sie jedoch nicht verbalisieren können, da ihnen die Vorstellung dafür fehlt, was dieses Andere ausmachen könnte.

Vom Druck sexy zu sein, erregt zu stöhnen und einen Orgasmus zu haben

Oft fühlen sich Frauen auch unter Druck, etwas „leisten" zu müssen, aktiver zu sein oder sexy aussehen zu müssen. Den Orgasmus, den die meisten Menschen als Ziel definieren, erreichen viele Frauen beim konventionellen Penetrationssex nicht so leicht und selbstverständlich wie viele Männer, weshalb sich viele unter ihnen so fühlen, als würden sie etwas falsch machen. Dadurch, dass sich Männer häufig sehr verausgaben, fühlen sich zahllose Frauen unter Druck gesetzt, mit dieser Dynamik mithalten zu müssen. Dabei kommen ihre eigenen Bedürfnisse häufig zu kurz, weshalb sich die Lust auf Sex verringert. Sie bekommen vom Sex nicht das, was sie sich davon erhoffen.

Die Vagina mit zu wenig Gefühl oder zu viel Schmerzen

Viele Frauen beklagen sich über zu wenig Gefühl in ihrer Vagina und äußern, dass sie beim Sex kaum etwas spüren, wodurch die Lust auf Sex zurückgeht. Die Gründe dafür können mannigfaltig sein: belastende Glaubenssätze über Körper, Sex und Lust, eine nie erlernte Wahrnehmung, eine Überstimulation durch Vibratoren oder harten Sex und natürlich ganz handfeste körperliche Ursachen, die eine gewisse Taubheit erzeugen. Andere Frauen berichten von Schmerzen und Unbehagen in ihrer Vagina während des Geschlechtsverkehrs. Auch in diesem Fall bietet Slow Sex eine große Veränderung. Slow Sex ist besonders in der Lernphase sehr viel langsamer, achtsamer und behutsamer als konventioneller Sex und gibt so viel mehr die Gelegenheit, genau in den Körper zu fühlen, was dort gerade geschieht und sich in das Gefühl hinein zu entspannen. Bei Frauen, die am Anfang wenig spüren, verfeinert sich die Wahrnehmung mit der Zeit immer mehr. Wenn du als Frau Schmerzen beim Sex hast, kannst du beim Slow Sex das ganze Geschehen so gut steuern, dass du Wege findest, deinem Körper damit gut zu tun. Schmerzen werden häufig durch zu viel Reibung mit zu wenig Feuchtigkeit ausgelöst. Du lernst beim Slow Sex ganz natürlich Gleitmittel zu verwenden und erlebst, wie der Penis ganz entspannt in dir ruht und nur soweit eindringt, wie es sich gut anfühlt. Diese Kombination aus Langsamkeit, Entspannung und mehr Feuchtigkeit erhöht bei vielen Frauen das Wohlbefinden und führt zu einer entspannten Lust, die vorher kaum (mehr) vorstellbar war.

Trauma: die Vagina, deren Grenzen nicht geachtet wurden

„Trauma" hört sich nach einem großen Wort an. Manchmal weiß man nicht ganz genau, was damit gemeint ist. Wir benutzen es im Sinne von: schmerzhafte, vergangene Erfahrungen, die als Erinnerung im Körper und im sogenannten Emotionskörper gespeichert sind, weil sie zum Zeitpunkt der Erfahrung nicht verarbeitet werden konnten. Das können einmalige schlechte Erfahrungen sein oder eine ganze Reihe von sich wiederholenden Erfahrungen. Es können kleine Grenzüberschreitungen sein, bei denen persönliche Grenzen nicht akzeptiert wurden, oder große Gewalterfahrungen. All das hat einen Einfluss darauf, wie wohl und wie sicher sich eine Frau in ihrem Körper fühlt. Viele Frauen tragen in Bezug auf Sexualität Traumata mit sich, oft unbewusst, teilweise bewusst. Auch Männer erleben Traumata; unsere Erfahrung zeigt jedoch, dass Frauen viel häufiger davon betroffen sind.

Slow Sex in seiner achtsamen und entspannten Qualität ermöglicht es, ganz bewusst neue und gute Erfahrungen zu machen und viele der kleinen Traumata aufzulösen. Größere Traumata können durch die Achtsamkeit im Slow Sex bewusst wahrgenommen und dann mit passender Hilfe (wie zum Beispiel EMDR und Brainspotting) aufgelöst werden.

In all diesen Fällen hat sich Slow Sex bewährt. Die Erfahrungen vieler Frauen, die Slow Sex erlernt haben, zeigen ein regelrechtes Aufatmen und das Gefühl von „Endlich... ja, diesen Sex will ich."

Nachdem du Slow Sex eine kleine Weile praktiziert hast, wirst du merken:

+ Du kannst dich beim Slow Sex richtig fallen lassen und entspannen.
+ Wie du Sex ganz leicht genießen kannst, weil der Orgasmus nicht mehr im Mittelpunkt steht.
+ Dass du dem Mann weder gefallen, noch etwas bei ihm machen musst, um ihn sexuell zu erreichen.
+ Du musst weder vorgeben, erregt zu sein, obwohl du es nicht bist, noch stöhnen, ohne dass es von alleine geschieht.
+ Sex ist nicht mehr anstrengend, sondern fühlt sich entspannt und leicht an.
+ Du hast durch Slow Sex eine feinere Wahrnehmung in deiner Vagina entwickelt und nimmst feine sexuelle Strömungen wahr.
+ Du spürst immer mehr, wie deine sexuelle Energie durch den ganzen Körper fließt.
+ Du erlebst, wie du deinen Mann tief willkommen heißen kannst, ihm sexuell gerne nah bist und bereit bist, ihn als sexuelles Wesen zu spüren.
+ Vor allem aber musst du nicht sexy sein, um guten Sex zu haben.
+ Der Sex erfrischt und nährt dich.
+ Du erlebst mit Slow Sex sexuelle Hingabe ohne Forderungen.

Übung:
Sexuelle Geborgenheit – ein Vorgeschmack auf Slow Sex

Bevor du in die erste Slow Sex-Nacht startest, wirst du in diesem Buch noch viele Informationen erhalten, damit du die besten Voraussetzungen für einen wirklich guten Einstieg in dein Leben mit Slow Sex hast. Um jedoch schon jetzt einen kleinen körperlich-sinnlichen Vorgeschmack auf Slow Sex zu erhaschen und um zu spüren, wie er sich anfühlen kann, erklären wir dir eine speziell für unsere Klienten/Leser entwickelte kleine Übung, die du mit deinem Partner* vollständig bekleidet und ohne weiteres Vorwissen machen kannst. Sie benötigt nur wenige Minuten deiner Zeit. Lasst euch beide darauf ein und freut euch auf das, was danach noch alles auf euch wartet.

Spiele schöne Meditationsmusik ohne Gesang ab, setze dich deinem Partner gegenüber an einen Tisch und legt eure Unterarme auf dem Tisch ab. Dann legt die Frau ihre Hände aufeinander und öffnet sie so weit, dass die Hände an den Handwurzeln noch verbunden sind. Das sieht dann aus wie eine geöffnete Muschel (wie ein horizontales „V" also so „<"). Der Mann darf dann eine seiner Hände vorsichtig und vor allem ganz langsam in die geöffnete Handmuschel hineinlegen. Dabei schaut ihr euch in die Augen. Die Frau schließt anschließend ihre Hände um die Hand des Mannes, während die Handballen sich weiterhin berühren und dafür sorgen, dass die Hand des Mannes vorne voll umschlossen ist.

Achte dabei darauf, dass die Arme bequem aufliegen.

Schau deinem Partner* weiterhin tief in die Augen

und spüre, wie sich das anfühlt. Nimm ein paar tiefe Atemzüge und spüre, wie du den Kontakt zu deinem Partner* wahrnimmst. Spüre auch, wie sich die Hand oder die Hände anfühlen. Nimm ganz bewusst den Kontakt zwischen euch wahr. Lass alles andere innerlich los und genieße die Nähe, die jetzt zwischen euch da ist.

Nach einer Weile, wenn du fühlst, dass es an der Zeit ist, öffnet die Frau ganz ganz langsam ihre Hände und der Mann darf seine Hand wieder langsam zu sich nehmen. Bleib während der ganzen Zeit im Augenkontakt.

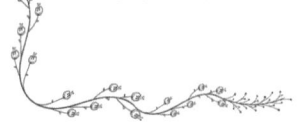

Alternativ kannst du dir unsere Videoanleitung für diese Übung unter dem folgenden Link www.liebelauschen.de/geborgenheit ansehen. Das Video wurde speziell für die Leser* dieses Buches freigeschaltet.

Nun geht es inhaltlich richtig los. Viel Spaß beim Lesen, Lernen & Entdecken!

Achtung, wichtig!
Noch nicht mit dem Slow Sex loslegen

Paare, die ohne gut informiert zu sein und ohne ausführlich miteinander gesprochen zu haben mit Slow Sex loslegen, erleben erfahrungsgemäß anfangs nicht wirklich etwas wesentlich Neues und machen oft eher keine guten Erfahrungen.

Unser Anspruch an die teilnehmenden Paare unseres Onlinekurses und die Leserin oder den Leser dieses Buches ist, dass du möglichst direkt bei deiner ersten, zweiten oder spätestens deiner dritten Slow Sex-Begegnung gute Erfahrungen machst. Das ist uns sehr wichtig! Wir haben uns wochenlang damit beschäftigt, dies für dich zu ermöglichen. Die Anleitung und das Übungskonzept sind erprobt und funktionieren. Habe deshalb bitte etwas Geduld, es lohnt sich. Du erhältst von uns entscheidende Informationen, die den Unterschied zwischen Gelingen und Misslingen bedeuten können. Du kannst mit dem Slow Sex-Üben sofort loslegen, wenn du alles bis zum Kapitel „Wie kannst du mit Stolpersteinen umgehen?" gelesen hast.

Slow Sex gemeinsam lernen – Die Grundlagen verstehen

Ihr seid nicht allein

Können wir ein Rollenspiel machen und ein Paar spielen, das zu müde für Sex ist?

In unserer Arbeit begegnen uns immer wieder Menschen, die denken, sie seien die einzigen, die keinen guten Sex oder weniger Sex als andere haben. Die Medien sind voller glücklicher Paare und auch im Bekannten- und Freundeskreis wird selten darüber geredet, wie es in der Beziehung gerade wirklich aussieht.

Daher denken viele Menschen, dass sie die einzigen sind, die kein erfüllendes Liebesleben haben, während alle anderen glücklich durch die Betten turnen. Doch Hand aufs Herz: Kann es wirklich sein, dass ihr die einzigen seid, deren Sexleben glücklicher und befriedigender sein könnte, während überall auf der Welt eine Unmenge an Sex-Ratgebern verkauft wird? Würden Sextipps in jeder Frauenzeitschrift solche Popularität genießen oder Millionen von Pornos täglich geguckt werden, wenn alle anderen so bombastisch beglückenden Sex hätten? Und hätten sich damals, noch bevor wir unseren Onlinekurs fertig hatten, schon hundert Paare im Vorfeld angemeldet, wenn alle so zufrieden wären?

Nein, du bist nicht allein. Ihr seid nicht allein. Es ist umgekehrt: Es gibt kaum Paare, die sexuell langfristig miteinander zufrieden sind. Viele Paare haben sogar sehr ähnliche Herausforderungen und Frustpunkte.

Vielleicht erkennst du dich im einen oder anderen Punkt wieder, den Paare nennen, wenn es um ihr Liebesleben geht:

+ es gibt in der Beziehung scheinbar keine Zeit für Sex
+ die Partner haben nicht zur gleichen Zeit Lust auf Sex
+ das sexuelle Verlangen ist bei den Partnern manchmal sehr ungleich verteilt
+ sie haben unterschiedliche Vorlieben oder Erwartungen
+ es ist schwierig, Sex anzufangen
+ der Sex ist eingeschlafen
+ Sex ist Routine geworden
+ die Liebe beim Sex ist weniger bzw. „dünner" geworden
+ Sex ist eher ein Sportprogramm geworden
+ Sex ist „Arbeit" geworden oder sehr auf die Genitalien fixiert
+ Sex fühlt sich leer und unbefriedigend an
+ es gibt Erektionsschwierigkeiten, die immer wieder frustrieren
+ es gibt Schwierigkeiten, zum Orgasmus zu kommen

Die Liste ist lang und eine langjährige Partnerschaft bringt den einen oder anderen Punkt scheinbar fast automatisch mit sich. In der Tat ist es unserer Erfahrung nach ganz normal, dass in langen Beziehungen die Häufigkeit des Sex immer weniger wird und die Sexualität einschläft.

Die gängigen Tipps, „mal was Neues" auszuprobieren, sei es sexy Unterwäsche, Sextoys oder ein Rollenspiel, verfehlen unserer Meinung nach dabei oft die eigentliche Ursache und ignorieren anerkannte Forschungsergebnisse, wie zum Beispiel den sog. Coolidge-Effekt.[1]

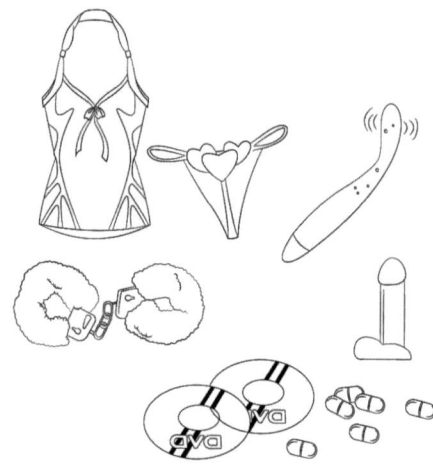

Dieser zeigt deutlich, dass die Natur die nachlassende „Leidenschaft" bei Paaren biologisch angelegt hat und das sexuelle Begehren nach wiederholtem Sex mit dem gleichen Partner* somit natürlich abkühlt.

Sicherlich kann man immer etwas Neues ausprobieren, doch allein das Neue wird die oben genannten Probleme nicht lösen. Daher denken manche Menschen dann, dass es vielleicht an ihnen oder ihrem (falschen) Partner* liegt.

---

1 - [Wikipedia] Bei den ursprünglichen Experimenten aus dem Jahr 1956 wurde an Rattenmännchen nachgewiesen, dass wiederholter Geschlechtsverkehr mit demselben Weibchen den sexuellen Appetit des Männchens dämpft. Andererseits ist eine gleichbleibende beziehungsweise gleichbleibend hohe sexuelle Aktivität zu beobachten, wenn immer andere Weibchen angeboten werden.

Bei den Versuchen von Beach und Jordan wurde ein Rattenmännchen in einen Käfig mit vier bis fünf Weibchen gegeben. Es wurde beobachtet, dass das Männchen sich mit allen Weibchen bis zur eigenen völligen Erschöpfung wiederholt paarte. Ab diesem Punkt erfolgten keine Reaktionen des Männchens mehr auf weitere Stimulationen der Weibchen. Wurde nun ein weiteres Weibchen in den Käfig gegeben, konnte trotz der vorherigen Erschöpfung ein weiterer Paarungsakt mit dem neuen Weibchen beobachtet werden. Das bei den Versuchen mit den Wanderratten beobachtete Phänomen ist dabei nicht auf diese Spezies beschränkt.[3] Allgemein beruht der Effekt auf einer Erhöhung des Dopaminspiegels und den darauf beruhenden Auswirkungen auf das limbische System und den Nucleus accumbens.

In den meisten Fällen wird der Coolidge-Effekt an männlichen Individuen demonstriert. Es wurden jedoch auch Experimente durchgeführt, um festzustellen, ob der Effekt auch bei weiblichen Individuen auftritt. Hierbei wurden die Experimente mit Hamstern durchgeführt und die Ergebnisse zeigen, dass der Effekt, obgleich schwächer ausgeprägt, auch bei Weibchen auftritt.

Meist ist es tatsächlich so, dass konventioneller Sex viele Voraussetzungen benötigt, um überhaupt stattzufinden. Das kann mit der Zeit sehr anstrengend sein, wenn das hormonelle Hoch des Beziehungsbeginns nicht mehr vorhanden ist. Was also dann?

Möglicherweise ist es an der Zeit, eine andere Art des Sex zu lernen und ins eigene Leben zu integrieren. Denn wahrscheinlich liegt es nicht an deinem Partner* oder an dir, dass es mit dem Sex nicht mehr so ist wie zu Beginn der Beziehung, sondern es liegt an der Art des Sex, den du bisher gehabt hast und den Bedürfnissen, die du bisher mit deinem Sexleben erfüllen wolltest und konntest. Wir bieten dir in diesem Buch eine echte zusätzliche Alternative.

Das Wesentliche in Kürze:

Viele Langzeitpaare haben die Erfahrung gemacht, dass Sex am Anfang spontan und leicht ist. Nach einer Weile wird es jedoch schwieriger, Sex zu beginnen und es scheint nicht mehr so einfach, gemeinsam ein gutes sexuelles Erlebnis zu haben. Oft sieht es so aus, als hätten alle anderen Paare ein tolles Sexleben, nur man selbst steckt in der Krise. Das stimmt jedoch nicht, es ist eher das Gegenteil der Fall: Fast alle Paare geraten früher oder später in eine Sexflaute, trauen sich aber ebenso wenig darüber zu sprechen. Der Tipp „etwas Neues" auszuprobieren liegt nahe, hilft jedoch den meisten Paaren nicht dauerhaft, da das Problem woanders liegt: Nach einer Phase der Verliebtheit (in der Hormone das Sexleben steuern) folgt nun eine Phase, in der das Paar sein Sexleben selbst gestalten muss. Slow Sex hilft hierbei, die Herausforderungen zu lösen .

Erfüllender Sex: unsere Bedürfnisse unterscheiden können

Viele Menschen wünschen sich ein erfüllendes Sexleben, wahrscheinlich geht es dir ebenso. Doch um herauszufinden, was dich beim Sex genau erfüllt, lohnt es sich, genauer hinzusehen, welche Wünsche und Bedürfnisse damit verbunden sind.

Fragt man Menschen, was sie unter erfüllender Sexualität verstehen, kommen unterschiedliche Antworten zu Tage. Die häufigsten Nennungen von Wünschen und Bedürfnissen, die durch Sex gestillt werden sollen, sind folgende:

- ✦ Sex soll Lust machen.
- ✦ Es soll das Gefühl von „Einssein" entstehen.
- ✦ Manchen geht es um Geilheit.
- ✦ Anderen um Erregung.
- ✦ Manche wünschen sich Befriedigung.
- ✦ Es besteht der Wunsch nach Verbindung.
- ✦ Sex soll Intimität erzeugen.
- ✦ Manche wünschen sich Energieaustausch.
- ✦ Manche äußern den Wunsch nach Frieden beim und nach dem Sex.
- ✦ Für wieder andere geht es hauptsächlich um Leidenschaft.

Vielleicht fällt dir beim Lesen dieser Liste auf, dass manche Punkte mehr miteinander verwandt und einander zugehörig sind, als andere.

Wenn man genauer hinsieht, lassen sich die genannten Bedürfnisse in zwei Gruppen aufteilen:

Bedürfnisse, die wir uns durch Sex erfüllen wollen	
Geilheit	Verbindung
Erregung	Intimität
Befriedigung	Energieaustausch
Lust	Bindung
Leidenschaft	Frieden
Aufregung	Einssein

Die Bedürfnisse in der linken Spalte weichen deutlich von den Bedürfnissen in der rechten Spalte ab. Es gibt zwei verschiedene Gruppen von Bedürfnissen und wir erhoffen uns, dass wir beide gleichzeitig durch eine einzige Art von Sex- den wir aus den Medien gelernt haben- erfüllen beziehungsweise befriedigen können. Das erklärt, warum wir manchmal nach dem Sex ein bisschen enttäuscht sind, denn manche Bedürfnisse haben sich zwar erfüllt, andere jedoch nicht.

Da diese beiden Spalten so unterschiedliche Bedürfnisse beinhalten, liegt es nahe, dass du für diese unterschiedliche Arten von Sex brauchst. Hast du darüber schon einmal nachgedacht?

Unserer Erfahrung nach ist für das Erleben von Geilheit, Erregung, Befriedigung, Lust und Leidenschaft der orgasmusorientierte Sex, also der Sex, den wir in diesem Buch als konventionell bezeichnen, wunderbar geeignet. Um Verbindung, Intimität, Energieaustausch, Bindung, Frieden und Einssein zu erleben, ist nach unserer Erfahrung Slow Sex am besten geeignet.

Was an dieser Stelle ganz wichtig zu betonen ist:
Keine der beiden Arten, Sex zu erleben, ist besser oder schlechter. Es ist jedoch wichtig zu wissen, dass unterschiedlicher Sex unterschiedliche Bedürfnisse befriedigt. Das ist von Bedeutung, um deinen Sex so gestalten zu können, dass deine aktuellen Bedürfnisse auch wirklich erfüllt werden und du dich danach nicht leer oder enttäuscht fühlst.

Natürlich gibt es noch viel mehr Arten von Sex, die alle unterschiedliche Bedürfnisse erfüllen. Hier sind zwei sehr große Unterschiede dargestellt. Keine Form ist besser oder erstrebenswerter. Denn das würde bedeuten, dass die einen Bedürfnisse besser oder erstrebenswerter sind als andere. Wir möchten dich lediglich darauf aufmerksam machen, dass es wichtig ist, herauszufinden, welche Art von Sex deine jeweiligen Bedürfnisse am besten befriedigen kann, damit du dich erfüllt und satt fühlst.

Außerdem spricht nichts dagegen, verschiedene Arten von Sex zu kennen und jeweils diejenige zu wählen, die deine Bedürfnisse gerade heute erfüllt. Immer dieselbe Art Sex zu haben, erfüllt einige Bedürfnisse wahrscheinlich nie, es lohnt sich daher, verschiedene Arten zur Auswahl zu haben.

Marina Robinson schreibt in ihrem Buch „Das Gift an Armors Pfeil" über den sogenannten „Paarungssex", zu dem uns insbesondere der Neurotransmitter „Dopamin" antreibt, motiviert und belohnt, unsere Gene möglichst oft und weitläufig zu verstreuen. Dem gegenüber steht der „Bindungssex", der die monogame Paarbeziehung neurobiologisch durch die Ausschüttung von anderen Neurotransmittern wie z.B. Oxytocin stärkt[2].

Das Wesentliche in Kürze:

Die Bedürfnisse, die durch Sex erfüllt werden können, fallen grob in zwei Kategorien. Da diese Kategorien sehr unterschiedlich sind, liegt es nahe, dass man dafür auch unterschiedliche Formen des Sex benötigt, um diese zu befriedigen. Keine Kategorie ist besser oder schlechter als die andere. Es lohnt sich jedoch, Bewusstsein dafür zu schaffen, um den passenden Sex zu gestalten.

---

2 - Marina Robinson verweist dabei in ihrem Buch auf folgende Studie: D. E Fiorino, A. Coury und A. G. Phillips, „Dynamic Changes in Nucleus Accumbens Dopamine Efflux During the Coolidge Effect in Male Rats," J. Neurosci., 17(12), Juni 1997: 4849-4855.

Slow Sex ist eine eigene Kategorie – Zweisamkeit statt Lust erwarten

Im vorangegangenen Kapitel hast du erfahren, dass erfüllte Sexualität mit ganz unterschiedlichen Bedürfnissen zusammenhängen kann. Je nach Bedürfnislage ist es sinnvoll zu schauen, welche Erwartungen du an den Sex hast, den du praktizierst.

Denn auch beim Sex ist es wie überall: Deine Erwartungen bestimmen, wie du deine Welt wahrnimmst und das Erlebte bewertest.

Um dich auf Slow Sex einlassen zu können, ist es daher wichtig, dass du dir deine Erwartungen bezüglich Sex bewusst machst und einige davon, die du an deinen bisher gelebten Sex gestellt hast, für das Praktizieren von Slow Sex loslässt. Sonst wirst du womöglich enttäuscht und möchtest diese wunderbare andere Art des Sex nicht weiter praktizieren.

Du kannst es dir ungefähr so vorstellen: Auf dem Tisch vor dir liegt eine Weintraube. Du freust dich darauf, sie zu essen und greifst zu, um sie dir in den Mund zu stecken. Doch als du zubeißt, merkst du: „Oh mein Gott, das ist ja eine Olive." Du spuckst die Olive aus und empfindest den Geschmack als widerlich. Das liegt nicht daran, dass du die Olive nicht magst, sondern dass deine Erwartung eine andere war. Hättest du gewusst, dass du dir eine geschmackvolle Olive in den Mund steckst, hättest du die Olive uneingeschränkt genießen können.

Überträgst du dieses Bild auf den Slow Sex, bedeutet das Folgendes: Wenn du von Slow Sex das Gleiche erwartest, wie von konventionellem Sex, kann es sein, dass er wie eine Olive schmeckt anstelle der erwarteten Traube.

Das heißt, du solltest bestimmte Dinge von Slow Sex nicht erwarten. Beispielsweise kannst du nicht

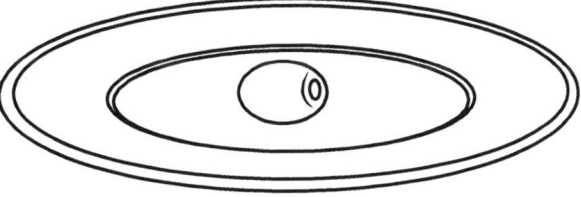

erwarten, dass Slow Sex pornoreifes Material liefert. Slow Sex bietet dir dafür ganz andere Möglichkeiten, z. B. dass du viel mehr Zeit für deinen Partner* und das Hineinspüren bekommst.

Du kannst dir Slow Sex zu Anfang eher so vorstellen: Vielleicht liegen du und dein Partner* ganz entspannt nebeneinander. Ihr wollt einfach kuscheln. Das Sahnehäubchen bei Slow Sex ist, dass ihr- im Gegensatz zum „Nur-Kuscheln"- „reinstecken" dürft. Slow Sex ist zu Beginn des Lernens eine Art Kuscheln plus. Wenn du Slow Sex also anfangs derart bezeichnest, hilft dir das dabei, deine Erwartungen gegenüber Slow Sex passend auszurichten.

 Nenne Slow Sex alternativ: Kuscheln plus „

Mir, Samuel, fiel es am Anfang wirklich schwer, mich auf Slow Sex einzulassen. Mir fehlten die Action und die Erregung, das Wilde, die Leidenschaft, das Stöhnen und der Schweiß. Ständig hatte ich dieses Gefühl, als ob das Wesentliche fehlte. Es dauerte eine Weile und brauchte einiges an Kommunikation miteinander, bis ich anfing, den ganz und gar entspannten und oft sogar regungslosen Sex zu genießen. Ich habe einfach lange gebraucht, um meine Erwartungshaltung anzupassen. Irgendwann machte es „klick" und ich begriff, dass ich ständig eine Traube erwartet hatte und eine Olive bekam. Das funktionierte natürlich nicht.

Übung:
Mache dir deine Erwartungen bewusst

Um für dich selbst genau zu wissen, was du bisher von deinem Sexleben erwartet hast und was du von Slow Sex erwartest, hilft dir die folgende Übung. Es empfiehlt sich, dass sowohl du, als auch dein Partner* die Übung zuerst alleine machen und erst im Anschluss zusammen. Am besten schreibst du deine Antworten auf. So kannst du sie später erneut lesen und es ist für das Gespräch mit deinem Partner* einfacher, wenn du eine Grundlage hast, auf die du dich beziehen kannst. Dieses Gespräch ist ein besonderes Geschenk der Ehrlichkeit und Offenheit in eurer Kommunikation, welches ihr einander macht.

Um dir über deine Erwartungen klar zu werden, beantworte die folgenden Fragen:

✦ *Welche Bedürfnisse erfülle ich mit konventionellem Sex gut?*

✦ *Welche Bedürfnisse bleiben beim konventionellen Sex eher unerfüllt?*

✦ *Was denke ich, erwartet mein Partner* beim Sex von mir?*

✦ *Was ist für sie/ihn guter Sex?*

Das Wesentliche in Kürze:

Um Slow Sex genießen zu können, ist es wichtig, dass du dir deiner Erwartungen bewusst wirst und weißt, dass du für die Zeit der Übungsphase und eine Weile danach nicht das Gleiche erwarten kannst, wie von konventionellem Sex. Dafür bekommst du etwas anderes, das du mindestens genauso intensiv genießen kannst oder sogar noch mehr. Mache dir jedoch klar, dass es insbesondere während der Übungsphasen ganz anders „schmeckt", als du es von Sex bisher gewohnt bist.

Sexuelles Vertrauen aufbauen

Nachdem du dich mit deinen Erwartungen an konventionellen Sex und Slow Sex auseinandergesetzt hast oder zumindest weißt, dass du an beide Formen von Sex unterschiedliche Erwartungen haben solltest, beschäftigt sich dieses Kapitel mit einem Bereich in der Partnerschaft, der häufig durch unklare Erwartungen und Bedürfnisse ins Wanken gerät: das sexuelle Vertrauen.

Zu Beginn einer Beziehung ist Sex oft ganz einfach: In der Verliebtheitsphase sorgt ein schöner Hormon- und Neurotransmitter-Cocktail im Gehirn dafür, dass Sex „wie von allein" passiert und es scheint, als würde der andere genau das Richtige machen, ohne dass man viel kommunizieren muss. Bei Paaren, die schon länger zusammen sind und bei denen das Sexleben nicht mehr so erfüllt ist wie anfangs, kann man oft beobachten, dass sie sich sexuell nicht mehr so sehr vertrauen wie zu Anfang der Beziehung.

Das liegt zum einen daran, dass der Hormonrausch des Anfangs nicht mehr wirkt und es nicht mehr nur darum geht, sich in heißer Form körperlich nahe zu sein. Zum anderen kommen jetzt die unterschiedlichen sexuellen Bedürfnisse und Erwartungen der beiden Partner* wieder zum Vorschein. Das heißt, ab diesem Zeitpunkt ist es nicht mehr so leicht, das Sexleben als Paar ohne offene und ehrliche Kommunikation zu gestalten. Wenn es also klar ist, dass man ein Paar ist und die erste Phase des Begehrens abflaut, ist es wichtig, dass jeder Partner* weiß, wieso er mit dem anderen Sex haben möchte, denn die Hormone helfen nun nicht mehr. Wenn man sich der eigenen Gründe für Sex bewusst ist, kann man ihn an diese Gründe und Bedürfnisse anpassen. So entstehen ganz neue Gestaltungsräume für Sex.

Ist man sich dem oben beschriebenen Geschehen nicht bewusst, geht jeder mit seinen eigenen Erwartungen an Sex heran. Passen die Wünsche und Bedürfnisse jedoch nicht oder nur zum Teil zueinander, verliert man nach und nach das sexuelle Vertrauen in den Partner*. Das geschieht ganz nebenbei und vollkommen unbewusst. Oft kann man das daran beobachten, dass sich die Partner* zwar noch lieben, aber beginnen, sich einander zu verweigern und nicht mehr so leicht auf die Einladung zum Sex einsteigen.

Oft- aber längst nicht immer- trifft dieses Verhalten auf Frauen zu. Sie haben zwar Lust auf Sex, aber der Sex, den sie bekommen, passt nicht zu ihren Bedürfnissen. Sie fühlen sich dabei ausgenutzt, denken, dass der Partner* nur etwas von ihnen will und sie ausschließlich für seine sexuellen Bedürfnisse benutzt. Denn so, wie der konventionelle Sex oft gelebt wird, ist er eher auf den Orgasmus fokussiert. Meistens ist er für den Mann leichter zu erreichen und die Frau hat das Gefühl, sie wurde „abgehängt" und hat nicht den Sex, den sie sich wünscht. Frauen fällt es jedoch oft schwer, ihre Bedürfnisse auszudrücken, da sie selbst keine klare Vorstellung davon haben, wie der Bedürfnis erfüllende Sex aussehen könnte.

Es hat sich wiederholt gezeigt, dass Slow Sex eine sehr gute Möglichkeit ist, sexuelles Vertrauen wieder aufzubauen und das Vertrauen darauf, dass Sex wieder schön sein wird. Dieser Effekt entsteht aus der ganz unspektakulären sexuellen Vereinigung. Du und dein Partner* habt also während des Sex, aber besonders danach, das Gefühl, guten Sex miteinander gehabt zu haben, obwohl ihr beide ganz entspannt und ohne auf den Orgasmus „zuzurennen" beieinander wart. Mit jedem Mal Slow Sex baut sich das Vertrauen, euch sexuell gut zu tun, weiter auf. Das hat, wie wir später erklären werden, viel mit dem Austausch sexueller Energie durch die Genitalien zu tun.

Bei uns war nach ungefähr drei Jahren Beziehung das sexuelle Vertrauen auf beiden Seiten ganz schön angekratzt. Durch gegenseitige Vorwürfe und sexuelle Ablehnung entstand auf beiden Seiten viel Unsicherheit im Bereich Sexualität. Mit jedem Mal Slow Sex konnten wir zusehen und spüren, wie unser sexuelles Vertrauen zueinander schnell wieder wuchs. Slow Sex war so wohltuend für unser sexuelles Vertrauen, wie guter Dünger für Pflanzen: eben Balsam für die Seele.

Was sexuelles Vertrauen am besten aufbaut, ist die wiederholte Erfahrung von sexueller Geborgenheit beieinander. Wie du dir sicher vorstellen kannst, ist Geborgenheit eher ein Kind von gemeinsamer Stille, als von viel Action. Es ist absolut wichtig, sich gegenseitig auf die Geborgenheit verlassen zu können, damit sexuelles Vertrauen stetig wachsen kann.

Um durch Slow Sex also sexuelles Vertrauen aufzubauen, ist es sinnvoll, wenn du mit deinem Partner* Vereinbarungen triffst und ihr euch daran haltet. Wir empfehlen, dass ihr über einen gewissen Zeitraum Slow Sex als „Standardsex" definiert und nur davon abweicht, wenn es klar abgesprochen ist. Es lohnt sich, sich für mindestens 4 bis 6 Wochen ganz auf Slow Sex einzustellen, um diese Art von Sex zu erforschen, zu entwickeln und zu vertiefen. Neben der Tatsache, dass ihr dadurch Slow Sex lernt, hilft diese Verabredung dabei, euch wieder besser miteinander verbinden zu können.

Slow Sex und die Verabredungen, die du mit deinem Partner* triffst, unterstützen euch auch, eure verschiedenen Beweggründe für Sex zu entdecken und darüber zu sprechen. Slow Sex ist absichtslos und verfolgt kein Ziel, daher ist es für diese Art Sex gut, wenn für eine Weile die Nähe zueinander und das Beieinandersein/Beisammensein euer Beweggrund für Sex ist[3]. Es geht beim Slow Sex darum, in völliger Entspannung

---

3 - Falls für dich der Ausdruck „genießen, was ist" zu abstrakt ist, erhältst du an dieser Stelle ein paar konkrete Hinweise: Genieße das Beisammensein, den Hautkontakt, die Wärme der Haut, den Augenkontakt, das Streicheln und sanfte Küssen, die besonders geschmeidigen Stellen eurer Körper, die feinen Strömungen der sexuellen Energie in den Genitalien und die Stille im Raum, wo nichts Bestimmtes geschehen muss.

das zu genießen, was ist. Wenn du jedoch beim Sex merkst, dass du Lust auf Erregung und Befriedigung hast, kannst du mit deinem Partner* darüber sprechen und ihr könnt gemeinsam einen Zeitpunkt finden, wo ihr eine andere Art Sex habt. Das kann ein paar Stunden oder ein paar Tage später sein. Somit habt ihr wieder einen gemeinsamen, explizit besprochenen Erlebensraum, anstatt einfach immer davon auszugehen, dass der sexuelle Erlebensraum Orgasmus und Erregung beinhaltet. Durch diese Form der Kommunikation geschieht es über die Zeit, dass Nähe und das Bedürfnis nach Kontakt die Hauptgründe für den gemeinsamen Sex werden. Dadurch stellt sich das sexuelle Vertrauen wieder ein.

So entdeckst du deine sexuellen Bedürfnisse und die deines Partners* immer wieder ganz neu und ihr bekommt eine Verbindung zueinander, die dir die Sicherheit gibt, dass der Sex mit deinem Partner* wirklich etwas Schönes ist.

Damit löst sich eine mögliche Entfremdung zwischen euch wieder auf, sodass sich die Frau wieder auf Sex einlassen und der Mann sich wieder willkommen fühlen kann. Denn ihr könnt euch sicher sein, dass ihr etwas Gemeinsames erlebt und nicht jeder für sich etwas aus der Situation herauszieht, das nichts mit dem anderen zu tun hat.

Es hat uns ungeheuer gut getan, ganz klar zu definieren, dass wir die nächsten sechs Wochen ausschließlich stillen Slow Sex haben werden. Am Anfang unserer Slow Sex-Zeit wussten wir durch unsere Vereinbarung ganz genau, was im Bett passieren wird. Wir haben uns beide im wahrsten Sinne des Wortes „reinentspannt". Die Effekte auf allen Ebenen waren für uns so überwältigend schön, dass unser sexuelles Vertrauen schnell wuchs und sich sehr positiv auf unser Beziehungsglück auswirkte.

Slow Sex schafft auch deswegen sexuelles Vertrauen neu, weil er so einfach ist und du weder Erregung, sexuelle Lust noch irgendeine andere erotische Vorstimmung brauchst, um anzufangen. Ein „Ja" zum Sex von beiden Partnern* ist also viel wahrscheinlicher.

Das Wesentliche in Kürze:

Sexuelles Vertrauen geht in längeren Beziehungen oft verloren, weil Partner* nicht gelernt haben, über ihre sexuellen Bedürfnisse zu sprechen und nur konventioneller Sex zur Verfügung stand, der eine ganze Gruppe von Bedürfnissen nicht besonders gut erfüllt. Über Slow Sex baut ihr wieder sexuelles Vertrauen zueinander auf, weil ihr beginnt, gute sexuelle Erfahrungen und sexuelle Nähe miteinander zu erleben.

Die 3 Prinzipien von Slow Sex

Bisher hast du eher nebenbei erfahren, um was es beim Slow Sex konkret geht. In den vorherigen Kapiteln hast du auch schon davon gelesen, dass Slow Sex eine gewisse geistige Haltung oder innere Einstellung ist, die andere Erwartungen und Bedürfnisse befriedigt als der konventionelle Sex. In diesem Kapitel wirst du nun etwas über die Grundprinzipien von Slow Sex lernen. Diese Prinzipien sind der Schlüssel für das neue Erleben und stehen in manchen Punkten im Kontrast zu konventionellem Sex. Hier nochmal der Hinweis: Um bestimmte Bedürfnisse zu erfüllen, ist konventioneller Sex besser geeignet als Slow Sex. Für andere Bedürfnisse ist es genau umgekehrt.

Entspannung

Ein wesentliches Prinzip im Slow Sex ist, dass du und dein Partner* völlig entspannt seid. Diese Entspannung ist sowohl im Übertragenen, als auch im ganz Konkreten zu verstehen. Im Übertragenen bedeutet Entspannung, dass du das Kopfkino und die Erwartungen loslassen und dich voll und ganz in das Jetzt hinein entspannen darfst. Du kannst dich allen Empfindungen und dem Genuss nur öffnen, indem du ganz entspannt an den Sex herangehst.

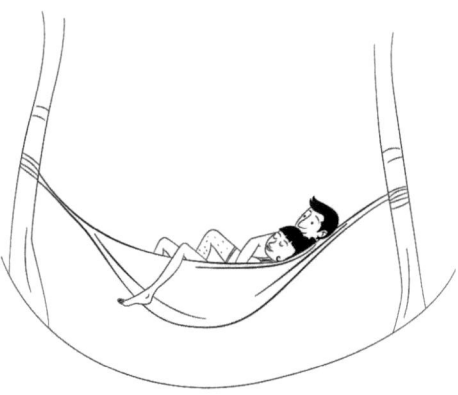

Konkret bedeutet Entspannung beim Slow Sex, dass jeder Muskel, der nicht gebraucht wird, entspannt ist. Du kannst dir für den Anfang Slow Sex so vorstellen, als würdest du über eine Stunde lang in einer Hängematte liegen. So entspannt ist Slow Sex. Ganz besonders gilt diese Entspannung für die Muskelgruppen im Becken. Denn es ist sehr wichtig, dass auch deine Genitalien entspannt sind, damit du ganz bewusst hineinlauschen kannst und spürst, was du dort wahrnimmst.

Das bedeutet jedoch nicht, dass Slow Sex immer völlig bewegungslos abläuft. Es bedeutet lediglich, dass Bewegungen nicht mit der Absicht zu erregen gemacht werden, sondern aus den Impulsen des Körpers heraus entstehen dürfen, ganz entspannt, genussvoll und ohne Anspannung oder Hektik.

Das Schöne ist, dass sich die Entspannung über die Dauer des Slow Sex immer mehr verstärkt, sodass Orgasmen (sollten sie entstehen) in völliger Tiefenentspannung stattfinden können. Körperliches und geistiges Entspannen sind also das A und O beim Slow Sex.

Achtsamkeit

Ein weiteres wichtiges Prinzip des Slow Sex ist die Achtsamkeit oder auch Präsenz. Beim konventionellen Sex wird häufig vorausgeplant, was geschehen soll. Oft werden Szenarien erdacht oder spezielle Fantasien verfolgt, um erregter zu werden oder etwas anderes zu erreichen. Dabei verliert man leicht die Verbindung zum gegenwärtigen Moment, weil man unbewusst das Erlebte mit dem vergleicht, was man erwartet oder anstrebt. Die Wahrnehmung für sich selbst, also das eigene Empfinden und für den Partner* wird reduziert, weil man sich mehr auf die Bilder oder Wünsche im Kopf konzentriert und weniger auf das, was gerade tatsächlich geschieht. Auch gehen der tiefe Kontakt und die Intimität häufig verloren, weil die Aktionen beim Sex auf die Zukunft bzw. ein Ziel gerichtet sind und somit beide nicht „im Moment" anwesend sind, um sich zu spüren.

Beim Slow Sex bedeutet Achtsamkeit daher, präsent im Moment zu sein, wahrzunehmen, was sich in einem bewegt, wahrzunehmen, was man konkret spürt und was das mit einem macht. Genauso gehört dazu, dass du während des Slow Sex wahrnimmst, wie dein Partner* auf deine Berührungen und Bewegungen reagiert. Ein ganz konkreter Tipp um sicherzugehen, dass du präsent bist, ist Augenkontakt mit deinem Partner* zu halten und ihm bzw. ihr von Zeit zu Zeit ganz bewusst dein Gesicht zu zeigen, d.h. zuzulassen, gesehen zu werden und das ganze Geschehen wahrzunehmen. Die Achtsamkeit hilft dir dabei, in dich hineinzulauschen und zu spüren, wo in dir Impulse entstehen, die aus der Situation herauskommen. Das vermeidet den Blick in die Zukunft oder den Vergleich mit der Vergangenheit.

Absichtslosigkeit

Das dritte Prinzip beim Slow Sex ist die Absichtslosigkeit. Während im konventionellen Sex die Absicht besteht, den anderen und sich selbst durch Bewegungen, Berührungen und allem anderen stärker zu erregen und zum Orgasmus zu kommen, lässt du beim Slow Sex einfach alles geschehen, ohne damit etwas zu bezwecken. Wenn du zum Beispiel deinen Partner streichelst, machst du das nicht, um ihn stärker zu erregen, sondern aus dem Impuls heraus, ihn zu berühren. Du willst also weder dich noch den anderen zu irgendetwas bringen. Es geht darum, zu genießen, was im Moment bereits da ist, ohne zu einem erhofften Ziel zu gelangen. Die Absichtslosigkeit fällt vielen Menschen am Anfang schwer, da es wenige Vorbilder dafür gibt. Diese Absichtslosigkeit schafft jedoch Raum für das, was entstehen will, weshalb Slow Sex sehr bunt und immer wieder anders ist.

Das Wesentliche in Kürze:
Die drei Grundprinzipien im Slow Sex sind:

1. **Entspannung**: *das heißt, muskulär entspannt zu sein und Kopfkino und Erwartungen loszulassen.*

2. **Achtsamkeit**: *das heißt, darauf zu achten, was im Moment wirklich „da" ist.*

3. **Absichtslosigkeit**: *das heißt, keine Ziele zu verfolgen und nur das zu tun, was sich aus der Situation heraus ergibt.*

Warum Slow Sex so gut tut: Der tantrische Energiekreislauf

Vielleicht fragst du dich immer noch, weshalb Slow Sex so wohltuend und nährend sein soll. Das ist verständlich, denn bisher hast du ausschließlich über Slow Sex und die Unterschiede zum konventionellen Sex gelesen, beziehungsweise über die unterschiedlichen Voraussetzungen.

Bisher hast du noch nicht selbst erlebt, wie Slow Sex sein kann. Doch das, was Slow Sex so wohltuend macht, ist nur erfahrbar und schwer erklärbar. Vor allem, wenn du in deinem bisherigen Sexleben noch wenig anderes ausprobiert hast, was von konventionellem Sex abweicht, fällt dir das Vorstellen dieser anderen Art von Sex eventuell schwer. Denn beim Slow Sex geht es nicht um das schnelle Erlebnis, sondern um qualitative Zeit, die du mit deinem Partner* verbringst. Es geht darum, dir - während der Übungszeit- mindestens eine Stunde zur Begegnung und zur entspannten Vereinigung zu reservieren. Mit Vereinigung ist gemeint, dass der Mann seinen Penis in die Vagina der Frau einführt. Vielleicht sollte man vorsichtshalber sogar mehr Zeit einplanen, denn wenn du erst einmal auf den Geschmack gekommen bist, ganz im Moment zu sein, möchtest du möglicherweise gar nicht mehr aufhören. Diese Begegnungen machen dich aus ganzem Herzen seelisch-sexuell satt und bringen dich deinem Partner unglaublich nahe.

Um dir eine Vorstellung zu geben, die dir als Erklärungsansatz dienen kann, *weshalb* das so ist, bieten wir dir ein Bild aus dem Tantra an. Im Tantra wird Sexualität als Energie verstanden. Sollten Tantra und diese

Bedeutung von Energie nichts für dich sein, lies dir diesen Abschnitt am besten dennoch durch und ziehe für dich das heraus, was dir einleuchtend erscheint und lass den Rest einfach beiseite.

Im Tantra existiert die Vorstellung, dass es einen Energiekreislauf im Körper gibt, in dem (auch) die Sexualenergie fließt. Diese Vorstellung besagt, dass Männer und Frauen jeweils einen Plus- und einen Minuspol im Körper haben. Sie ziehen sich mit diesem Plus- und Minuspol jeweils wie Magneten an. Dabei fließt die Energie immer vom Pluspol zum Minuspol, was zwischen zwei Menschen geschehen kann, aber auch innerhalb eines Menschen. Der Unterschied zwischen Männern und Frauen ist die Stelle im Körper, an der sich die Pole befinden. Bei den Frauen sind die Brüste der positive Pol. Der Gedanke ist mit der Idee verbunden, dass die Frau mit den Brüsten und mit der Energie aus dem Herzen als Erstes mit der Welt in Kontakt tritt. Bei Männern ist es umgekehrt, ihr Pluspol liegt in den Genitalien. Das bedeutet, dass Männer mit ihrer Sexualität und ihren sexuellen Impulsen als Erstes in Kontakt mit der Welt treten. Bei Männern ist der Herzraum der Minuspol, bei Frauen sind es die Genitalien. Der Minuspol ist bei beiden Geschlechtern der empfangende Raum, mit dem sie vorsichtiger umgehen, weil er empfindsamer und ungeschützter ist. Diese umgekehrte Verteilung der Pole erklärt im tantrischen Denken, dass sich Männer und Frauen an diesen Polen so anziehen.

So kannst du dir vorstellen, dass die Energie durch die Genitalien des Mannes, die der aktive, gebende Pol sind, in die Frau, deren Genitalien aufnehmend sind, geleitet wird. Sie steigt dann auf in den Pluspol, also die Brüste und das Herz der Frau, die ihrerseits über ihre Gefühle, die sie zum Ausdruck bringt, diese Energie an den Mann, dessen Brustbereich der aufnehmende Pol ist, weitergibt. Diese Energie fließt dann wiederum in die Genitalien des Mannes. Das fühlt sich dann an, als ob **Lust sich in Liebe verwandelt,** die du im Herzen spürst und dann wieder als Lust in die Genitalien zurückkommt, um sich dann wieder in Liebe zu verwandeln.

Mit dieser Idee lässt sich auch erklären, weshalb es Männern so leicht fällt, in genitalen Kontakt zu gehen und wieso es für Frauen so wichtig ist, „im Herzen" berührt zu werden, um sich sexuell zu öffnen.

Im Slow Sex wird die Idee der Polarität und des Energieflusses genutzt, indem man die beiden Pole beider Partner* aktiviert[4] und den Kreislauf ohne viel Anspannung und Absicht fließen lässt, da diese den Kreislauf stören könnten. Ihr müsst also nichts tun, außer darauf zu vertrauen, dass die sexuelle Energie automatisch als Kreislauf zirkulieren wird. Interessant ist zu bemerken, dass wir immer wieder erleben, dass die Energie leichter ins Fließen kommt, wenn wir weniger agieren, bewusst beieinander sind und unseren Genitalien und Herzen lauschen.

Vor allem Frauen profitieren von dieser Idee, denn diesem Bild folgend ist es leicht verständlich, dass Frauen erst im Herzen berührt werden wollen, um sich gesehen, geschätzt und sicher fühlen zu können, bevor sie sich genital öffnen (können). Umgekehrt fällt es Frauen sehr schwer, sich sexuell zu öffnen, wenn sie sich nicht sicher und entspannt fühlen. Dann sind sie nicht bereit dafür, das aufzunehmen, was kommen könnte. Daher ist das sexuelle Vertrauen, von allem, das du bereits gelesen hast, ein besonders wichtiger Punkt, um den Pluspol (das Herz) der Frau zu öffnen. Die langsame, achtsame Annäherung hilft der Frau, sich für den Sex und auch während der sexuellen Begegnung zu öffnen.

Umgekehrt ist es der Fall, dass es Männern sehr leicht fällt, mit ihrer Sexualität aktiv zu sein und sexuelle Initiative zu zeigen. Im Herzen sind sie jedoch sehr empfindlich, da dies ihr empfangender Pol ist. Deshalb trifft sie eine sexuelle Zurückweisung härter, als sie vielleicht zeigen wollen, denn häufig schmerzt sie weniger das entgangene sexuelle Erlebnis, als ihr Herz, dem sie Ausdruck verleihen wollten. Dadurch, dass das Herz der empfangende Pol ist, können sich Männer (im tantrischen Modell) auf Gefühlsebene nicht schützen.

---

4 - Wie können die Pole aktiviert werden? Männer mögen es, zuerst am Penis berührt zu werden und fühlen sich dadurch im Herzen berührt. Die Energie fließt vom Penis (dem positiven bzw. aktiven Pol) ins Herz (empfangender Pol). Sie fühlen sich dadurch geliebt. Frauen hingegen lieben es, zuerst an ihren Brüsten (ihrem positiven bzw. aktiven Pol) berührt oder gehalten zu werden. Von dort fließt die Energie in den empfangenden Pol, ihre Genitalien, wodurch sie häufig erregt werden. Zusätzlich lässt sich unser Herz durch Worte der Liebe und Wertschätzung erwärmen und dadurch aktivieren.

Entweder ist der empfangende Pol ganz offen, fühlend und verletzlich oder er macht ganz zu. Ähnlich ist es bei den weiblichen Genitalien, die sich als empfangender Pol nicht schützen lassen. Das erklärt wieso Männer, die sexuell abgelehnt und verletzt wurden, manchmal emotional nicht erreichbar wirken, während Frauen, die nicht wertgeschätzt und geachtet wurden, oft sexuell nicht gut „erreichbar" sind.

Im Slow Sex werden viele negative Erfahrungen aufgelöst: Durch Achtsamkeit und Entspannung kann die Frau sich in ihrer Geschwindigkeit öffnen. Die Energie fließt von ihrem positiven Pol in den Brüsten und im Herz in die Genitalien. Sie lauscht in sich und öffnet sich für eine sexuelle Begegnung, ganz in ihrem Tempo. Da sie weiß, dass sie entspannen kann, bleibt sie weich. Der Mann fühlt sich daher bei der Frau auf eine ganz andere Art und Weise sexuell willkommen, da er ein „Ja" spürt, das sowohl vom Herzen, als auch vom sexuellen Pol (der Vagina) kommt. Durch seine eigene Entspannung und Achtsamkeit kann er seine sexuelle Energie als Einladung ausdrücken, anstatt als Forderung, da er keine Zurückweisung fürchtet. An Hand dieses Bildes ist es leicht nachzuvollziehen, weshalb Männer und Frauen sexuell so ticken, wie sie ticken.

Uns ist wichtig, dass Slow Sex, auch ohne dieses tantrische Bild zu kennen oder zu verstehen, sehr gut funktioniert, da die entspannte Achtsamkeit und die Absichtslosigkeit einen Raum dafür kreieren, den Impulsen nachzuspüren und sie aufzunehmen. Die Prinzipien der Entschleunigung und der Präsenz im jeweiligen Moment sind die Elemente, die das Erleben intensiv machen können.

Das Prinzip des Energieflusses funktioniert auch bei gleichgeschlechtlichen Paaren. Da jeder Mensch sowohl männliche als auch weibliche Energie in sich trägt und diese unterschiedlich stark aktiv sind, ist es möglich, sich bewusst für eine Polarität zu entscheiden. Oft haben Paare sich schon aus eigenem Impuls für eine bestimmte Verteilung entschieden. Die Rollen sind nicht festgeschrieben; sie können auch je nach Situation immer wieder unterschiedlich sein.

Das Wesentliche in Kürze:

Nach dem Slow Sex fühlen sich die meisten Paare seelisch-sexuell tief ge-
nährt. Sie haben das Gefühl, erfüllenden Sex gehabt zu haben, da die se-
xuelle Energie mindestens eine Stunde Zeit hatte, sich auszutauschen. Die
weibliche und männliche Energie nähren sich gegenseitig, was beim Slow
Sex wie von selbst geschieht. Slow Sex funktioniert genau wegen dieser ent-
spannten Absichtslosigkeit. Im tantrischen Sinne kommt Slow Sex der Natur
von männlicher und weiblicher Sexualenergie sehr entgegen, denn er kreiert
Sicherheit für die empfindsamen Pole der Geschlechter: eine langsame An-
näherung für die Frau und ein sicheres Willkommensein für den Mann.

Liebes-Ernährung: warum die Seele durch Slow Sex sexuell satt wird

Weshalb Slow Sex derart nährend ist, wissen wir nicht genau. Soweit wir informiert sind, gibt es dazu auch bisher keine wissenschaftlichen Erkenntnisse. Sind es chemische, neurobiologische oder energetische Vorgänge?

Slow Sex ist keine neue Idee, die grundlegenden Prinzipien sind bereits lange bekannt und tauchen unter verschiedenen Namen auf. In seiner ursprünglichsten Form tauchen Beschreibungen davon bereits im alten Taoismus und Tantra vor tausenden von Jahren auf. Seit Anfang des 20. Jahrhunderts ist Slow Sex auch unter dem Namen Karezza [italienisch für „liebkosen" oder „zärtliche Berührung""] bekannt. Wir möchten einen Auszug aus dem Kapitel „Liebes-Ernährung" des Buches von 1931 zitieren (Originalausgabe): „Karezza Praxis. Liebe als Austausch magnetischer Kräfte, die Kunst ehelicher Liebe, der liebende Mensch als Künstler der Berührung" von J. William Lloyd.

Der Autor wagt den Versuch, die Wirkung von Karezza [Slow Sex] aus seiner Sicht zu erklären und zu beschreiben. Dabei bedient er sich besonders bildlicher, poetischer Sprache, um seinen Lesern die feinen Vorgänge beim Slow Sex zu vermitteln.

*Die natur häuft in den körpern stoffe an, die zum aufbau,
zur ausstattung unserer nachkommen bestimmt sind.
Unsere nahrung besteht zu gutem teil aus stoffen, die von
niedrigeren lebensformen für ihre nachkommenschaft
aufgespeichert worden sind: stärke, honig, kleber, samen,
milch, eier - alles dem künftigen leben geraubt, vorenthalten. So sammeln wir auch in unsern körpern einen
überschuß an stoffen und kräften, der unsern kindern
zugedacht ist. Dazu gehören wohl viele dinge: liebe,
magnetismus, lebenskraft,same und ei, und vielleicht noch
manches, von dem wir noch nichts wissen. Doch dies eine
fühlen wir unmißverständlich: daß etwas in uns lebt,
dessen wirkungen uns lebhaft, strahlend, schön, kraftvoll
machen, das für uns lebenfördernde nahrung bedeutet.*

*Diese lebensnahrung oder kraft, eigentlich für die
kinder geschaffen, können mann und frau gegenseitig
tauschen. Liebe scheint in einem solchen tauschvorgang
überschüssiger lebenskraft zu bestehen.*

Tauchen die augen zweier menschen ineinander, so findet ein nehmen und geben der männlichen und weiblichen lebensnahrung statt. Je näher sich die beiden sind, desto stärker und befriedigender der austausch. Was wir liebe heißen, ist, körperlich betrachtet, das verlangen nach diesem lebenstrunk und lebensbrot: daher das bedürfnis nach engster berührung. In Karezza [Slow Sex] erreicht dies tauschgeschehen seine vollendung, da es sich einerseits um die denkbar innigste vereinigung, anderseits um eine sehr verlängerte zeit des beisammenseins handelt, wobei dauernd die für solchen zweck wunderbar geschaffenen zeugungsorgane in engstem kontakt stehen. Es ist lebenswichtigster austausch in befriedigendster form - wie müßte dies nicht das ziel aller liebe sein?

Augenscheinlich wird bei einer liebesvereinigung ein teil dieser lebensnahrung frei, strömt zum andern wesen und wird von ihm aufgenommen. [...] Gewiß kann jedes der liebenden bis zu gewissem grade von seinen eigenen kraftvorräten zehren; doch jedes findet die stoffe des andern anregender, nährender, beglückender.

Diese ausführungen stellen nichts dar als versuche, das geschehen durch vergleiche uns verständlicher zu machen. Die tatsache ist einfach die, daß in Karezza [Slow Sex], wenn erfolgreich durchgeführt, die zeugungsorgane ebenso beruhigt, befriedigt, entmagnetisiert werden, wie bei einem orgasmus, während der übrige körper jedes der beiden glüht voll wunderbarer kraft und bewußter freude, oder in tiefem, süßem zufriedensein ruht, wie nach beglückendem spiel. Das ganze wesen strahlt und schwingt in romantischem liebesjubel, und ein starkes nachgefühl von gesundheit, reinheit und lebenskraft verklärt alles. Wir sind voller glück und dankbarkeit, wie nach einem gesegneten mahl.

Ob du diesen Ausführungen zustimmst oder sie für etwas zu poetisch hältst, mit eigener Slow Sex-Erfahrung findest du vielleicht noch bessere Wege, deine persönliche Erfahrung in Worte zu fassen. Uns hat diese poetische Beschreibung berührt.

Der Slow Sex-Test

Vielleicht dämmert es dir schon, dass die absichtslose, entspannte und achtsame Haltung beim Sex erst einmal gelernt werden muss. Erfahrungsgemäß ist es am Anfang nicht immer so leicht, in den Slow Sex-Modus zu kommen. Selbst wenn du schon ein bisschen Erfahrung gesammelt hast, fragst du dich vielleicht, woran du erkennen kannst, dass du gerade wirklich Slow Sex hast oder ob du wieder in eine Form des konventionellen Sex zurückgerutscht bist.

Um es dir leicht zu machen, zu überprüfen, ob du tatsächlich Slow Sex hast, haben wir einen Test entwickelt, den wir vor allem in den ersten Jahren unserer Slow Sex-Reise selbst häufig angewandt haben.

Um herauszufinden, ob du gerade Slow Sex hast, frag dich, ob du jederzeit bzw. jetzt in diesem Augenblick mit dem Sex aufhören könntest und dennoch glücklich damit wärst. Ist deine Anwort „ja", weißt du, dass du gerade Slow Sex hast.

Kann ich jetzt mit dem Sex aufhören und glücklich sein?

Diese Frage hilft dir, zu überprüfen, ob du wirklich achtsam und absichtslos im Moment bist und nicht daran denkst, wie sich die Begegnung weiterentwickelt oder ob du dabei gar zum Orgasmus kommen wirst.

Denn das, was beim konventionellen Sex häufig enttäuschend und frustrierend wirkt, ist, wenn nach hohen Erregungs- und Spannungszuständen der Orgasmus nicht erreicht wird. Beim Slow Sex entsteht dieser Frust nie, da du deine Aufmerksamkeit auf das „Jetzt" richtest. Im Slow Sex gibt es keine Erwartungen, weshalb du nicht frustriert bist, egal wann du mit dem Slow Sex aufhörst. Daher nochmals zur Erinnerung: Wir beginnen den Slow Sex nicht mit dem Gedanken einer Belohnung oder „Entladung" am Ende und genau dies macht einen entscheidenden Unterschied.

Der Slow Sex-Test ist ganz einfach und wir empfehlen, ihn vor allem in der Übungsphase vermehrt anzuwenden. Du kannst ihn auch mehrmals während einer einzigen Slow Sex-Session anwenden.

Lust vermessen mit der Erregungsskala

Für das Erlernen von Slow Sex möchten wir dir ein weiteres kleines Werkzeug an die Hand geben, mit dessen Hilfe du dich besser beobachten, erforschen und entdecken kannst: die Erregungsskala.

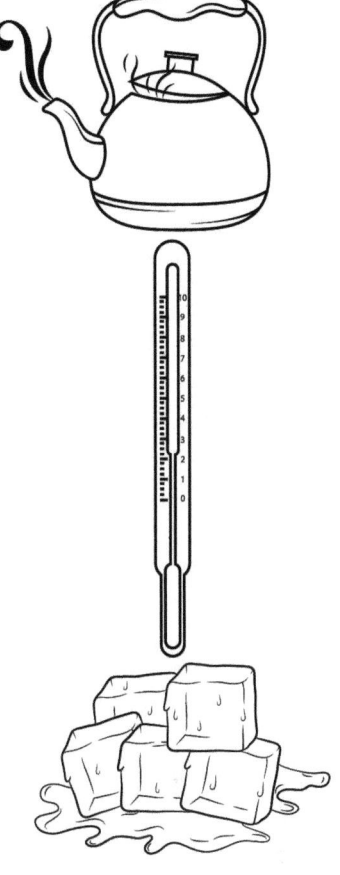

In der Sexualpädagogik und der Sexualtherapie ist die Erregungsskala schon längst ein etabliertes Werkzeug. Sie ist vielseitig anwendbar und im Slow Sex setzt man sie dazu ein, Bewusstsein in sein eigenes Erregungserleben zu bringen und sein Erregungsniveau zu kommunizieren.

Es geht darum, dass du lernst, dein Erregungslevel zu beobachten und dies über eine Zahl auszudrücken. Die Skala geht von 0 (gar nicht erregt) bis 10 (Orgasmus).

Die Zwischenschritte werden oft sehr individuell wahrgenommen und du schätzt sie selbst intuitiv ein, indem du eine Zahl nennst, die sich für dich gerade passend anfühlt. Du kannst an Hand dieser Skala deine Erregung beobachten und einschätzen lernen und wirst bemerken, dass du dein Erregungsniveau dadurch mit der Zeit selbst besser steuern kannst (falls du das möchtest). Außerdem macht es Spaß, dich mit deinem Partner über euer beider Erregungsniveau auszutauschen.

Slow Sex-Paare berichten von ihrer „Reise"

Wir haben Paare aus unserem Onlinekurs „Lust-Lauschen" dazu eingeladen, einen kleinen Bericht über ihre Erfahrungen beim Lernen zu schreiben. Die Paare können die Videos aus dem Kurs online in ihrem Tempo angucken und zusätzlich persönliche Fragen an uns stellen, die wir dann auch wieder mit einem Video beantworten.

Die Teilnehmer* sind ganz unterschiedlich: jung oder alt, noch ein ganz frisches Paar oder schon lange zusammen. Einige haben Kinder, andere nicht. Sie leben in unterschiedlichen Beziehungsformen, viele sind jedoch monogam. Wir lassen hier stellvertretend für die bunte Vielfalt an Erfahrungen drei verschiedene Paare zu Wort kommen. So bekommst du einen Eindruck, wie es anderen Menschen geht, die Slow Sex lernen.

So sah die E-Mail an die Teilnehmer aus:

Liebe Paare, für die Leser unseres Buches wäre es eine wunderbare Bereicherung, von euren Erfahrungen zu lesen und dabei festzustellen, dass sich die Vorurteile und Bedenken, die ihr möglicherweise hattet, nicht bewahrheitet haben. Daher möchten wir den vielen Paaren, die Slow Sex neu gelernt haben, einen Raum bieten, ebenfalls zu Wort zu kommen. Wir sind der Meinung, dass das Buch noch schöner wird, wenn wir euch die Möglichkeit geben, direkt zu unseren Lesern zu sprechen.

Denn sicher könnt ihr euch noch daran erinnern, dass auch ihr vor der Anmeldung ganz viele Fragen zum Thema Slow Sex im Allgemeinen und möglicherweise auch Unsicherheiten hattet, ob Slow Sex das Richtige für euch ist. Wir würden uns riesig freuen, wenn wir zu diesem Thema eure

Unterstützung bekämen!

Wenn ihr Lust bekommen habt, eure Erfahrungen mit unseren zukünftigen Lesern zu teilen, freuen wir uns auf eure Antworten:

1.   Warum sollte – aus eurer persönlichen Erfahrung heraus – ein Paar Slow Sex ausprobieren?

2.   Was ist für dich/euch das Beste am Slow Sex?

3.   Warum sollte ein Paar unseren Lust-Lauschen-Onlinekurs machen?

4.   Was würdest du/würdet ihr unseren Slow Sex-unerfahrenen Lesern noch mitgeben oder sagen wollen?

Anna und Christoph aus H schreiben:

Warnung: Slow Sex ist eine unglaublich kraftvolle und neue Art, Sex zu leben. Es braucht wirklich Zeit, Mut und Verpflichtung, sich auf dieses unbekannte Terrain zu begeben und sich Neuem zu stellen. Obwohl die Praxis so einfach zu sein scheint, können die Widerstände sehr stark sein. Der Kurs von Yella und Samuel bietet einen äußerst hilfreichen Rahmen mit klarer Struktur und gut aufbereitetem Material, um die ersten Schritte in diese Richtung zu wagen und sich begleitet zu fühlen und so nicht gleich wieder auf vertraute Wege abzubiegen.

In diesen neuen intimen und sehr sicheren Räumen kann es auch passieren, dass alte Gefühle und Verletzungen im Zusammenhang mit Sexualität spürbar werden. Es ist hilfreich, dies vorab zu wissen, als Paar darüber im Gespräch zu bleiben und sich bei Bedarf Unterstützung zu holen, um so eine Heilung möglich zu machen.

Das extrem verblüffende dieser Art Sex zu haben, ist, dass durch scheinbares Nichtstun die sexuellen Energien in Fluss kommen und eine unglaublich starke Bindung zueinander aufgebaut wird. Indem Erektionen und Orgasmen gar nicht mehr im Zentrum der Aufmerksamkeit stehen, werden viele Ängste, die es im konventionellen Sex gibt, überflüssig.

Slow Sex ist eine sehr gesunde Praxis, sich absichtslos zu entspannen und durch Präsenz und Langsamkeit die Intensität der Begegnung zu steigern. Eigentlich ist es eine Vertrauensübung, dass ohne Anstrengung Schönes und Genuss passiert und nicht erarbeitet werden muss. Slow Sex ist Wellness zu zweit, wann immer man möchte.

Max schrieb uns:

Ich könnte für Slow Sex nicht dankbarer sein. Der Onlinekurs von Yella und Samuel war der Schlüssel zu unserem Durchbruch zu einer ganz neuen Beziehung. Wir, das sind meine Frau, die hier Katja heißen soll, und ich. Unsere Geschichte ist etwas länger und wahrscheinlich von den Umständen nicht auf alle übertragbar. Ich denke aber, wir hatten im Kern dasselbe Problem wie die meisten Paare, die lange zusammen sind — in unserem Fall fast 20 Jahre.

Wir hatten beide Bücher von Diana Richardson gelesen, bevor wir mit dem Onlinekurs begonnen haben. Ich bin überzeugt, dass es nur mit den Büchern nicht geklappt hätte, so weit zu kommen. Aber ich will nicht für den Kurs werben, sondern für Slow Sex an sich. Und hier ist meine wichtigste Botschaft: An irgendeiner Stelle hieß es, „lasst das Danach euer Lehrer sein". Das ist so richtig! Bis wir uns, vor allem von mir befeuert, ins Abenteuer offene Beziehung stürzten und daraus nach etwa einem Jahr ein neuer fester Partner für Katja wurde, konnte ich mich der Illusion hingeben, Katja im Bett total zufrieden zu machen. Es ist schwer zu beschreiben, wie entlarvend Slow Sex hier war, nachdem diese Vorstellung zerbröselt war. Ich war beim Sex jahrelang total in einer Blase von Selbstverliebtheit. Als dieses Schutzschild zerstört und mein Selbstbewusstsein am Boden war, sahen wir in Slow Sex die Chance, neu zueinander zu finden. Das ist uns gelungen, aber es brauchte einen Umweg.

Nach den ersten sieben Slow Sex-Nächten war es uns möglich, uns ehrlich darüber auszutauschen, was wir genießen und, vor allem was Katja betrifft, was uns fehlt. Vieles war bei mir mechanisch und Katja hatte es immer gespürt, wusste aber nicht, wie sie es mir sagen und erst recht nicht wie sie mich zu etwas anderem anleiten sollte.

Aus den wunderschönen Erfahrungen ab der vierten oder fünften „Nacht" habe ich mir dann eine neue Blase gebaut. Dort war Slow Sex mit mir das Einzige, was Katja wollte. Der Kollaps dieser neuen Blase kam recht schnell und war auch der Kollaps meiner Potenz. Wochenlang ging nichts mehr, er wollte einfach nicht stehen. Das war sehr schwer anzunehmen. Ich wollte irgendwie zurück zu früheren Gefühlen sexueller Leistungsfähigkeit.

Katja hat immer wieder dafür plädiert, den Slow Sex-Faden wieder aufzunehmen, mit weichem Einführen, na und? Irgendwann konnte ich mich endlich darauf einlassen. Nicht die geringste Spannung im Lingam, aber irgendwann war er doch irgendwie drin. Mindestens eine halbe Stunde lagen wir so. Danach überkam mich eine große Traurigkeit. Plötzlich war mir klar, was mich blockierte, welche tief sitzende Angst dahinter steckte, und ich musste unter Tränen davon erzählen. Katja war wunderbar, selten habe ich mich so verbunden gefühlt. Das war wie ein Dammbruch. Ich konnte regelrecht spüren, wie sich der Knoten löste und die Erektionsstörungen das Feld räumten.

Seitdem haben wir es einfach wieder schön. Und wir wissen: Slow Sex ist unser Weg.

PS. Wir sind bei Nacht 9 im Kurs, üben aber öfter auch frei. :)

Tom Biebricher schreibt:

Warum sollte – aus eurer persönlichen Erfahrung heraus – ein Paar Slow Sex ausprobieren?

Slow Sex ist die Möglichkeit, ein erfüllteres, innigeres, verbundeneres Leben zu haben und zu leben. Es ist eine Möglichkeit, sich wieder häufiger nahe zu sein und sich und den Partner zu spüren. Den „Hauthunger" zu stillen. Langfristig geht es darum, insgesamt ein bewussteres Leben / Liebesleben zu führen.

Was ist für dich/euch das Beste am Slow Sex?

Das Beste am Slow Sex ist ein daraus entstehendes Bewusstsein, welches allen Lebenslagen dient.

Das Beste am Slow Sex ist ein über lange Zeiträume ablaufendes Liebesspiel.

Das Beste am Slow Sex ist eine komplett andere Geisteshaltung zum und beim Sex.

Liebe machen, let's make love, hacer el amor… Das Beste am Slow Sex ist, dass wir das Gefühl und die Energie „Liebe" beim Slow Sex erschaffen können. Das Erschaffen/Erzeugen von Liebe ist uns besonders intensiv beim Slow Sex gelungen.

> ## *Schneller, heißer Sex ist zu schnell vorbei, um Liebe zu machen.*

Warum sollte ein Paar unseren Lust-Lauschen-Onlinekurs machen?

Da Sexualität ein seit Jahrtausenden traumatisiertes Themengebiet ist, ist es sinnvoll und nötig, sich als Paar unterstützen und begleiten zu lassen. Eine dieser Unterstützungen und Begleitungen ist der Lust-Lauschen-Onlinekurs. Diesen Kurs, auf den ich lebenslang Zugriff habe, machen vermutlich fast alle Paare mindestens zweimal. Wir entdecken immer wieder Neues und lassen uns inspirieren.

Was würdest du/würdet ihr unseren Slow Sex-unerfahrenen Lesern noch mitgeben oder sagen wollen?

Eine der schwersten Aufgaben im Leben ist es, eine über Jahrzehnte anhaltende Liebes- und Lebenspartnerschaft glücklich aufrecht zu halten. Bewusste Sexualität via Slow Sex ist einer der Schlüssel dazu.

Die Slow Sex-Praxis Schritt für Schritt

In diesem Kapitel geht es endlich um das konkrete Slow Sex-Lernen. Du kennst nun alle Hintergründe, Grundlagen und Prinzipien von Slow Sex. Du kennst den Slow Sex-Test, mit dem du immer wieder überprüfen kannst, ob du noch achtsam und im Moment bist. Du verstehst jetzt, welche Bedürfnisse Slow Sex erfüllt und welche Chancen Slow Sex bietet. In diesem Kapitel wirst du nun erfahren, wie du Slow Sex Schritt für Schritt lernen kannst.

Überblick: die Slow Sex-Reise in Phasen

Slow Sex zu praktizieren ist eigentlich ganz leicht. Schließlich ist er nur normaler Sex, der absichtslos, entspannt und achtsam geschieht. Doch viele, die sich an Slow Sex heranwagen, empfinden ihn am Anfang gar nicht so leicht und als sehr sehr ungewohnt. Viele sind mit dem Versuch gescheitert, einfach Slow Sex zu machen, ohne darüber vorher ausführlich nachgedacht und gesprochen zu haben, denn dann schleichen sich sehr leicht alte Gewohnheiten ein und es entstehen sogar Konflikte. Deshalb haben wir uns sehr genau darüber Gedanken gemacht, wie gelungener Slow Sex aussieht und wie man dorthin kommt, wenn man vorher noch nie davon gehört hat. Daraus, sowie aus unseren eigenen Lernerfahrung, haben wir einen Phasenplan entwickelt, der es dir leicht machen und Stolpersteine vermeiden soll.

Um dich schrittweise an Slow Sex heranzuführen, haben wir uns bei den Phasen auf folgende Punkte konzentriert, die erfahrungsgemäß die größten Hürden darstellen, wenn man von konventionellem Sex zu gelungenem Slow Sex kommen will:

+ Orgasmus
+ Bewegung
+ Erregung

Anhand dieser Punkte kannst du sehr schön beobachten, wo du dich im Slow Sex-Lernprozess befindest. Die meisten Paare haben schon während der ersten Lernphase sehr schöne Erfahrungen und erleben eine tiefe Transformation.

Am Ende der Übungsphase steht der Slow Sex, den wir „Free Flow" nennen. Im Free Flow kannst du so viele Orgasmen haben, wie du möchtest, dich so viel bewegen, wie du möchtest und deine Erregung kann sich an einem beliebigen Punkt zwischen 0 und 10 auf der Erregungsskala befinden. In dieser Phase kannst du machen, was dir gefällt, es gibt keine Regeln mehr. Generell gibt es beim Slow Sex keine Regeln, solange er gelingt. Denn Slow Sex beschreibt eher eine Haltung, als ein Regelwerk oder genaue Prozessschritte.

Slow Sex Übungsphasen

	I: Stille See	II: Kleine Woge	III: Lebendige See	IV: Free Flow
Orgasmen	keine	keine	keine	unendlich
Erregung	0–2	0–4	0–6	0–10
Bewegung	keine	wenig	etwas mehr	unendlich

Doch um diese Haltung zu erlernen, ist es wichtig, diese zu üben und sich darin immer mehr zu verbessern. Dazu benötigst du Erfahrungswerte von Absichtslosigkeit und Achtsamkeit. Du brauchst also gute Erfahrungen mit gelungenem Slow Sex, um immer mehr in die Slow Sex Free Flow-Haltung hineinzuvertrauen und hineinzusinken.

Um dir die Erfahrung des Free Flow zu ermöglichen und um die Haltung üben zu können, empfehlen wir dir drei Lernphasen, in denen gewisse Regeln gelten sollten. Diese Regeln helfen dir, die absichtslose und achtsame Haltung zu üben. Die Phasen haben sich in der Praxis und in unserem Onlinekurs sehr bewährt, weshalb wir sie dir anraten, wenn du dich ernsthaft mit Slow Sex befassen möchtest. Mit diesen Phasen und Regeln baust du dir ein gutes Fundament für Slow Sex auf. Diese Phasen sind relativ streng gehalten, damit du selbst jederzeit sicher sein kannst, dass du tatsächlich noch Slow Sex praktizierst. Da Slow Sex in Wirklichkeit keine Regeln hat, gelten die Regeln nur während der Lernphasen. Wie lange die Phasen dauern und was sie genau beinhalten, erfährst du gleich.

In der Tabelle ist eine Übersicht der Phasen abgebildet, sowie die jeweilige Empfehlung zu den Punkten Orgasmus, Erregung und Bewegung. Zum besseren Verständnis steht am Ende die Phase IV[5], die wir Free Flow nennen und in der alles erlaubt ist, da du zu diesem Zeitpunkt die achtsame und absichtslose Haltung trainiert haben wirst. Wir empfehlen dir, jede Phase mindestens sieben Mal zumindest je eine Stunde lang zu üben und dabei voll zu genießen, was es in der jeweiligen Phase zu genießen gibt.

An dieser Stelle erhältst du erstmals einen kleinen Überblick über die Lernphasen mit ihren Kriterien und Regeln. Später im Buch gehen wir auf jede der Phasen nochmal ganz ausführlich ein. Du könntest dabei den Eindruck bekommen, dass sich einiges wiederholt. Es hat sich in unseren Kursen immer wieder gezeigt, dass es Sinn macht, die wichtigsten Dinge mehrmals zu erwähnen und beim zweiten Mal tiefer ins Detail zu gehen.

	I Stille See	II Kleine Woge	III Lebendige See	IV Free Flow
Orgasmen	keine	keine	keine	unendlich
Erregung	0-2	0-4	0-6	0-10
Bewegung	keine	wenig	etwas mehr	unendlich

Tabelle: Lernphasen beim Slow Sex

---

5 - Im engeren Sinne ist das keine Phase, weil der Zustand des Free Flow nie endet. Du bist dann bei einer inneren Haltung, basierend auf körperlichen und seelischen Erfahrungen, angekommen, zu der du jederzeit Zugang hast. Ab da gibt es keine Regeln mehr, es ist dann wie Fahrradfahren ohne Stützräder: Du kannst jetzt fahren wie und wohin du willst, weil du weißt, wie es geht.

Orgasmen:

Wie du siehst, sind in den ersten drei Übungsphasen keine Orgasmen vorgesehen. Das stellt für die meisten Paare eine große Herausforderung dar, denn im konventionellen Sex geht es oft um den Orgasmus. Mit der Regel, keinen Orgasmus beim gemeinsamen Sex zu haben, legst du jedoch ein wichtiges Fundament für den Slow Sex.

Bei dieser Regel geht es auch sehr um das sexuelle Vertrauen. Das Schöne ist: Wenn du mit deinem Partner* vereinbarst, dass ihr beim gemeinsamen Sex während der Übungsphase keine Orgasmen habt oder es nicht darum geht, Orgasmen zu erreichen, wirst du das gemeinsame Beieinandersein uneingeschränkt genießen können. Damit befindest du dich vollkommen im Jetzt und kannst zulassen, was auch immer kommen mag, ohne dich unter Orgasmusdruck zu setzen. Wenn du einen Orgasmus haben möchtest, steht es dir frei, dir außerhalb eurer Slow Sex-Begegnungen einen Orgasmus zu „organisieren". Doch in den Begegnungen während der Übungsphasen bzw. eurer vereinbarten Slow Sex-Forschungszeit gilt die Empfehlung, auf Orgasmen ganz zu verzichten. Was wir am Anfang unserer eigenen Slow Sex-Reise entdecken durften, ist, dass wenn du beim Sex weißt: „es geht nicht um einen Orgasmus", für dich eine ganz neue „Erlebenswelt" entsteht. Du entdeckst unzählige „Süßigkeiten" an deinem Partner*, die du genießen kannst: besonders „köstliche" Stellen am Körper, die deiner Hand schmeicheln, Hautwärme, der liebevolle Blick deines Partners*, weiche Lippen und vieles mehr.

Erregung:

Der zweite Punkt, der innerhalb der Phasen beachtet wird, ist die Erregung. Ein wichtiger Grund, die Erregung nicht zu hoch ansteigen zu lassen, liegt auf der Hand. Ist die Erregung zu hoch und du darfst keinen Orgasmus haben, führt das häufig zu Frustration. Außerdem ist es eine sehr hohe Kunst, mit hoher Erregung absichtslos und entspannt zu bleiben. Mit niedriger Erregung ist es viel leichter, absichtslos zu bleiben und auf einen Orgasmus zu verzichten, ohne frustriert zu sein. Das heißt jedoch nicht, dass es nicht sehr genussvoll ist- und das findest du am besten beim Üben heraus. Um es hier nochmals zu verdeutlichen: Für Slow Sex brauchst du keine Erregung. Deshalb ist die minimal notwendige Erregung in jeder Phase genau „Null". Es ist also auch vollkommen okay, wenn du alle Lernphasen mit einem Erregungsniveau von 0 bis 1 erlebst.

> ## *Die minimal notwendige Erregung beim Slow Sex ist immer genau Null.*

Wenn du dich jetzt fragst, wie man sich ganz ohne Erregung sexuell vereinigen soll, erhältst du dazu ausführliche Antworten im Kapitel „Aufwärmen". Eine wunderbare Tatsache an Slow Sex ist: Slow Sex braucht keine Lust, um zu sättigen und zu nähren. Die zweite Zahl in der Zeile Erregung zeigt die maximale Erregung, die in der jeweiligen Phase „erlaubt" ist. Denke daran, dass Erregung beim Slow Sex nicht absichtlich hervorgerufen wird, sondern du die Erregung zulässt, die automatisch kommt.

In Phase I geht es darum, keine höhere Erregung als 2 zuzulassen. Das heißt, dass du in dieser Phase zwischen 0 und 2 auf der Erregungsskala sein solltest. Hier sammelst du Erfahrung, wie es ist, ohne viel sexuelle Erregung und Lust sexuelle Nähe zu haben. Das ist die allerwichtigste Lernerfahrung und legt das Erkenntnis-Fundament für alles, was später kommt. In Phase II darf die Erregung ein wenig höher sein und in Phase III darf sie noch etwas höher sein, jedoch nicht so viel, dass du Gefahr läufst, einen Orgasmus haben zu wollen.

Zur Wiederholung: Absichtslos bedeutet in diesem Zusammenhang, dass du eben nicht alles dafür gibst, einen Orgasmus zu bekommen, sondern weiter spüren und erleben kannst, was entstehen will und jederzeit damit zufrieden bist, auch wenn es aufhört.

Um die Fähigkeit zu erlernen, auch bei höherer Erregung (z.B. Erregungslevel 8) absichtslos bleiben zu können, brauchen viele Menschen Monate oder Jahre- wir auch. Deshalb ist unsere Empfehlung, dass du jede Phase mindestens sieben Mal ausprobierst und übst. Das trainiert die Absichtslosigkeit enorm und du wirst bald Veränderungen bemerken, auch wenn es am Anfang etwas ungewöhnlich ist. Doch du wirst merken, dass sich die Tiefe eurer Begegnungen durch immer höhere Qualität auszeichnen wird, wenn ihr weiter übt.

Wir werden oft gefragt: Soll die Erregung absichtlich vermieden werden?

Nein, du brauchst nichts zu unterdrücken. Wenn du merkst, dass die Erregung höher steigt, als von uns für die jeweilige Phase empfohlen, dann gib den Bewegungsimpulsen weniger nach, indem du dich in eine bewegungsarme oder bewegungslose Stille hineinentspannst. Merke dir: Ist die Erregung zu hoch, entspanne dich mehr oder am besten vollständig.

Bewegung:

Du hast sicherlich in der Zeile „Bewegung" gesehen, dass wir dir in der ersten Lernphase empfehlen, dich gar nicht zu bewegen. Dein Körper sollte in dieser Phase komplett entspannt sein. Erlebt miteinander in der ersten Lernphase einfach, wie der Penis in der Vagina ruht. Das hilft den meisten Menschen auch dabei, die Erregung geringer zu halten und die Absichtslosigkeit zu trainieren. Verstehe unsere Beschreibung nicht so rigide, dass du dich wie eingefroren verhältst oder deinem Partner* jede Bewegung sofort verbietest. Natürlich dürft ihr euch immer streicheln, küssen und euch aneinander drücken, es soll jedoch keine immerwährende Körperbewegung und vor allem keine ständige Beckenbewegung stattfinden. Denke in der ersten Phase am besten an eine gemütliche Hängematte, entspanne dich hinein und genieße den Kontakt, die Wärme und die stille Nähe zu deinem Partner*.

In der zweiten Phase sind wenige kleine Bewegungen des Beckens erlaubt. Diese Bewegungen sollen aus dem Körper selbst kommen und nicht „gemacht" sein. Sie werden eher zugelassen, als dass sie aktiv gemacht werden. Dabei hilft es, in den Körper hinein zu lauschen und wahrzunehmen, wo ein Impuls zur Bewegung entsteht. Das schult besonders die Achtsamkeit für den eigenen körperlichen Impuls. Wir verstehen das Lauschen als ein achtsames, neugieriges Hinfühlen, wo im Körper etwas Genussvolles auftaucht, nicht ein Machen der Lust.

In der dritten Phase kannst du mehr Bewegung zulassen. Auch hier machst du die Bewegung nicht absichtsvoll, sondern hältst die Aufmerksamkeit achtsam auf deinen Körper gerichtet und gibst den Impulsen mehr nach als in den Lernphasen zuvor, weil du jetzt auch mehr Erregung zulassen darfst. Dabei ist es in Phase drei besonders wichtig, dass du durch die Bewegung nicht über einen Erregungsgrad von 6 kommst. Lasse dich durch die Liebesimpulse und sexuellen Gefühle in deinem Körper bewegen. Verwende immer wieder den Slow Sex-Test, um zu verhindern, dass du frustriert aus der Begegnung gehst. Das schult dich in der absichtslosen Achtsamkeit.

All diese Phasen, inklusive der vierten, haben stets Folgendes gemeinsam:

✦ Sie haben alle kein Ziel. Auch am Ende in Phase III gibt es kein Ziel. Man ist immer im Moment und horcht auf den Körper, was als Nächstes geschieht.

✦ Mit den Bewegungen holt man sich nicht absichtlich mehr Lust, man lässt die Bewegungen geschehen, lauscht und lässt sich von den entstehenden Gefühlen überraschen

✦ Der Körper ist in jeder Phase entspannt. Jeder Körperteil soll immer wieder absichtlich entspannt werden.

✦ In allen vier Phasen geht es darum, dass man genießt, was „da" ist und nicht vorausplant, was noch alles Schönes kommen mag, auch nicht den Orgasmus.

Das Wesentliche in Kürze:

Aus der Erfahrung heraus ist es sinnvoll, Slow Sex in einzelnen Phasen zu lernen. An und für sich hat Slow Sex keine Regeln. Zum Lernen ist es jedoch sinnvoll, gewisse Regeln als Leitlinien und Sicherheitsgerüst zu haben. Dazu gehört, dass in der Lernphase der Orgasmus in den gemeinsamen Begegnungen ausgelassen wird. Die Erregung ist recht gering und kann sich über die Phasen steigern, muss jedoch nicht. Wir empfehlen außerdem, dass Slow Sex in der Bewegungslosigkeit begonnen wird, um zu erfahren, wie es sich anfühlt, still vereinigt zu sein. Ab der zweiten Lernphase erlebst du immer mehr, dass Bewegungen im Körper aus Impulsen entstehen und nicht absichtsvoll gemacht werden, um sich Lust zu holen. Alle diese Regeln helfen dir dabei, die Prinzipien des Slow Sex Schritt für Schritt durch gute Erfahrungen zu verinnerlichen. Die meisten Paare erfahren bereits in der ersten Lernphase die „Süße" von Slow Sex.

Wie Slow Sex abläuft: der Blick durchs Schlüsselloch

Nachdem du jetzt schon sehr viel über Slow Sex gelesen, dich über Erwartungen und Vereinbarungen informiert hast und auch darüber, dass Slow Sex gelernt werden muss, bist du nun sicherlich neugierig, was alle diese Punkte in Summe ergeben und wie eine Slow Sex-Session eigentlich genau aussieht.

Jede Slow Sex-Begegnung besteht aus drei aufeinanderfolgenden Phasen:

1. Aufwärmen,
2. Vereinigen & entspannen
3. Ausklingen & lösen

Das Liebesnest vorbereiten

Bevor ihr körperlich werdet, bereitet ihr das Liebesnest gemeinsam vor. Dazu gehört, dass alles aus dem Raum geschafft wird, was stören könnte und alles, was ihr benötigt, griffbereit ist. Das kann beispielsweise folgende Dinge betreffen: Wo befindet sich das Gleitmittel, liegen die Kissen bereit und in guter Position, ist der Vorhang geschlossen, sind die Handys ausgeschaltet usw.

Übung:
Das kleine Wertschätzungs-Ritual

Ist dann das Liebesnest vorbereitet, könnt ihr euch vor dem körperlichen Einschwingen, mit einem Wertschätzungs-Ritual mental in eine zugewandte, liebevolle Stimmung bringen. Das bedeutet, dass ihr im Sitzen oder im Liegen beieinander ankommt und jeder mindestens eine Sache ausspricht, die er am anderen schätzt. Das könnt ihr so gestalten, dass sowohl du, als auch dein Partner* je etwas Wertschätzendes sagt, oder dass ihr euch ein paar Runden abwechselt. Eine solche Anmerkung kann eine Sache sein, für die du deinem Partner* dankbar bist, die du an deinem Partner* schön findest oder magst, es kann etwas ganz Kleines sein. Das Aussprechen dieser Dinge ändert die Atmosphäre zwischen euch und bringt von vornherein Freude, Achtsamkeit und Zuneigung mit in das Liebesspiel.

Wir haben in unserem Onlinekurs die Video-Anleitung für das Wertschätzungs-Ritual für dich freigeschaltet. Dort erklären wir zusätzlich ein paar besondere Regeln, die ihr beachten solltet und einige schöne Zusatzmöglichkeiten, wir ihr das Ritual erweitern könnt. Unter diesem Link findest du das Anleitungsvideo www.liebelauschen.de/wert

Aufwärmen

Nun beginnt der körperliche Teil: Anstatt sich wie üblich die Kleider vom Leib zu reißen, beginnt Slow Sex mit einem schönen Aufwärmen. Sich aufzuwärmen, ohne sich aufzuheizen, ist eine Kunst, die zu erlernen Spaß macht.

Dazu legt ihr euch nackt ins Bett: einfach kuscheln und beieinander ankommen, Haut und Wärme spüren. Dann könnt ihr anfangen zu küssen, kuscheln, streicheln, Genitalien halten, Genitalien streicheln, sanfte Stimulation, keine starke. Es geht darum, dass ihr euch nahe kommt und euch genießt. Während dieses Aufwärmens kannst du das Gleitmittel auf die Genitalien auftragen. Aufwärmen heißt, deinen Körper und den deines Partners* für die Vereinigung bereit machen.

Vereinigen und entspannen

Wenn du selbst spürst, dass du soweit bist und Lust hast, deine Genitalien mit denen deines Partners* zusammenzubringen, vereinigt und entspannt euch. Hierbei geschieht das erste Einführen des Penis in die Vagina. Es lohnt sich, dem ersten Einführen ganz viel Aufmerksamkeit zu schenken, denn es soll ganz langsam, wie in Zeitlupe, stattfinden. Genießt es nach allen Regeln der Kunst. Das geht sowohl mit, als auch ohne Erektion. Es geht dabei auch nicht darum, sich gegenseitig genital zu stimulieren, sondern darum, eine innige sexuelle Verbindung herzustellen. Wenn du mit dem tantrischen Energiekreislauf etwas anfangen kannst, lausche in deinen Körper und insbesondere in deine Genitalien hinein und du wirst bald schon einen Energiefluss spüren.

Über das erste Einführen und über die Slow Sex-Stellungen erfährst du später mehr. Diese speziellen Stellungen sind deswegen besonders geeignet, weil sie dir dienen, all deine Muskeln zu entspannen. Denn im Gegensatz zum konventionellen Sex, bleibst du beim Slow Sex häufig viel länger in der jeweiligen Stellung. Die meisten allgemein bekannten Stellungen sind daher weniger gut geeignet. Das liegt zum einen daran, dass beim konventionellen Sex in den meisten Stellungen viele Muskeln angespannt werden und dadurch schnell ermüden, zum anderen, dass die (An-)Spannung in den meisten Stellungen zu der Absicht führt, diese Anspannung entladen zu wollen. Dadurch wird es schwerer, absichtslos zu bleiben. Beim Slow Sex geht es um tiefe körperliche Entspannung. Um diese zu erreichen und beizubehalten, kannst du deinen Körper immer wieder mit deiner Aufmerksamkeit „durchgehen" und prüfen, ob irgendwo noch ein Muskel angespannt ist, den du gerade entspannen könntest.

> **„** *Beim Slow Sex sind alle Sextechniken erlaubt.*
> *Es gibt jedoch <u>keinen</u> angespannten Slow Sex!* **"**

Wenn ihr in der entsprechenden Stellung seid und das erste Einführen geschehen ist, ist es an der Zeit, euch gegenseitig so richtig auszukosten. Genieße die Nähe zu deinem Partner*, die Verbindung. Spüre in den Kontakt der beiden Körper hinein und genieße diesen körperlichen Kontakt und die Anwesenheit des anderen. Es geht darum, dass du ganz präsent im Hier und Jetzt bist. Wenn du merkst, dass deine Gedanken abschweifen, kannst du dich auf deinen Atem oder die körperlichen Empfindungen konzentrieren und diese beobachten, um wieder im Moment anzukommen. Auch Augenkontakt ist wunderschön und bringt dich ganz sanft in den Augenblick zurück.

Dann kommen bewusste Bewegungen hinzu, die wir jedoch erst ab der zweiten Lernphase empfehlen. Das bewusste Bewegen unterscheidet sich von den normalen Bewegungen darin, dass du dabei in deinen Körper hineinlauschst und wahrzunehmen versuchst, ob es in deinem Körper einen Impuls für eine kleine Bewegung gibt. Das heißt, du steuerst die Bewegung nicht über den Kopf, sondern du überlässt dem Körper den Impuls, dem du folgen kannst oder auch nicht.[6]

---

6 - Wir erleben immer wieder, dass je weniger „Action" wir machen, desto mehr Intimität ganz von allein entsteht. Am Anfang war die Nähe ungewohnt intensiv für uns. Ein Gefühl, gemeinsam jetzt, hier im selben Raum zu sein, durchtränkt mit der Klarheit und Eindeutigkeit unserer Entscheidung: „Wir beide wollen uns jetzt gerade nah sein und körperliche Nähe genießen, deshalb kommen wir gerade sexuell zusammen."

Ausklingen und voneinander lösen

Am Schluss klingt man gemeinsam aus. Da es beim Slow Sex kein „natürliches" Ende wie beim konventionellen Sex gibt, da er meist ohne Orgasmus endet, entscheidet ihr gemeinsam, wann ihr mit der Slow Sex-Session aufhören möchtet. Um euch genauso achtsam voneinander zu lösen, wie ihr zueinander gekommen seid, hat es sich bewährt, gemeinsam bis 3 zu zählen und sich dann ganz langsam auseinander zu bewegen, sodass der Penis die Vagina verlässt. Wie du das mit deinem Partner* gestaltest, bleibt dir überlassen. Vielleicht findet ihr auch andere zu euch passende Rituale, auseinanderzugehen. Sehr schön ist es auch, noch eine Weile nackt beieinander zu liegen.

Das „Danach"

Anschließend kommt die Zeit „danach". Diese Zeit ist häufig noch einmal sehr kostbar, denn sie lässt dich spüren, wie schön es war, so nah und verschmolzen in Kontakt mit deinem Partner* gewesen zu sein. Hinzu kommt, dass du jetzt, wo du wieder körperlich „alleine" bist, merkst, wie der Sex dich körperlich und seelisch genährt hat.[7] Achte darauf, wie sich deine Bindung und Beziehung durch den Slow Sex verändert hat. Ist vielleicht mehr Zuneigung, Liebe, Frieden und Harmonie zu bemerken? Diese Gefühle nehmen viele auch über den ganzen Tag oder mehrere Tag mit.

Alle Phasen beim Slow Sex sind gleichermaßen wichtig. Deshalb sollte jede einzelne bewusst gestaltet und ausgeführt werden.

Denk daran, dass du hier lediglich Vorschläge bekommst, wie du Slow Sex praktizieren kannst. Es sind Anregungen, du kannst nichts *richtig* oder *falsch* machen. Es geht lediglich darum, was sich für dich und deinen Partner* gut anfühlt.

---

7 - Wir waren am Anfang unserer Slow Sex-Reise häufig verblüfft, dass wir uns danach sexuell so satt und befriedigt gefühlt haben, als hätten wir wilden, orgasmusreichen Sex gehabt und das, obwohl wir uns kaum bewegt hatten.

Das Wesentliche in Kürze:

Die drei Phasen einer Slow Sex-Begegnung sind das Aufwärmen, in dem es darum geht, dass ihr euch miteinander vertraut macht. Dann folgt das Vereinigen und Entspannen, wo das erste Einführen geschieht und ihr euch entspannt, sowie alle Empfindungen und die gegenseitige Nähe genießt. Zum Schluss kommt die Phase des Ausklingens, in der ihr gemeinsam beschließt, euer Liebesspiel achtsam zu beenden und nachzuspüren.

Aufwärmen im Detail

Du hast gerade den groben „Fahrplan" gelesen, wie Slow Sex abblaufen kann. In den folgenden Kapiteln wirst du mehr über die drei Phasen erfahren. Du bekommst zusätzliche Tipps und Informationen, die alles ein bisschen anreichern und verdeutlichen, sodass du deine Begegnungen noch besser gestalten kannst.

In diesem Kapitel schauen wir uns die Aufwärmphase beim Slow Sex genauer an. Du bekommst ein paar zusätzliche Tipps und Informationen, welche Möglichkeiten du und dein Partner* habt, euch aufzuwärmen.

Gerade beim Aufwärmen zum Slow Sex ist Achtsamkeit und Präsenz besonders wichtig, da du vielleicht vorher im hektischen Alltag oder in einer weniger aufmerksamen Stimmung warst. Unsere Empfehlungen sollen dir dabei helfen, für deinen Körper und Geist einen schönen Übergang vom Alltag in den Slow Sex zu finden.

Das gelingt häufig sehr gut, wenn du dem Genuss „folgst", anstatt ihn erzeugen zu wollen. Das heißt, dass du nicht versuchst, den Genuss aktiv herzustellen, indem du z.B. die Genitalien deines Partners* streichelst und stimulierst, sondern indem du den Fokus darauf richtest, wo es sich bereits gut anfühlt und eine neugierige Haltung einnimmst. Wenn zum Beispiel die Hand auf dem Busen liegt, kann das sehr angenehm sein. Du brauchst für den Genuss also nicht immer viel zu tun, sondern du beobachtest erst, was sich gut anfühlt und folgst dieser „Spur" dann immer weiter, wie ein neugieriger Detektiv. Du merkst, dass du dem Genuss folgst, statt ihn zu kreieren, wenn du ein wenig überrascht bist, was die aktuelle Bewegung für positive Empfindungen mit sich bringt.

> **Aufwärmen heißt, deinen Körper und den deines Partners* für die Vereinigung bereit zu machen.**

Das gilt auch beim Küssen: Du spürst bewusst die Wärme der Lippen und um dieses Gefühl zusätzlich zu verstärken, atmest du dabei tief ein, als wolltest du dieses warme Gefühl auf deinen Lippen einatmen. Beim Slow Sex nutzt man auch eher nur die Lippen beim Küssen als die Zunge. Dieses „Einatmen" des Genusses und des Gefühls kannst du im Übrigen immer und überall beim Slow Sex anwenden. Zum Beispiel, wenn es dir gerade sehr schwer fällt, dich vom Alltag in den Slow Sex zu begeben, kann dieses Genuss-Atmen sehr hilfreich sein. Du kannst es auch dazu verwenden, das, was du empfindest, zu vertiefen und zu intensivieren. Es begleitet dich so sehr in den genussvollen Moment, dass wir es dir sehr ans Herz legen können.

Erforsche, was dich gut aufwärmt

Du kannst versuchen, die Körperwärme und die Hautbeschaffenheit deines Partners* ganz genau zu erspüren. Dabei lohnt es sich, dass du selbst genau in dich hineinfühlst, ob du es lieber magst, wenn die Hand deines

Partners* ruhig auf deiner Haut liegt oder ob du streichende Berührung bevorzugst. Auch dein Partner* sollte gut in sich hineinspüren und das kommunizieren, was er besonders genießt. Um deine Handflächen und deinen Körper in den aufnehmenden Modus zu bringen, ist es hilfreich, dich zu fragen, wo sich der Körper deines Partners* für deine Hand, deinen Arm oder eine sonstige Körperstelle besonders gut anfühlt. Mit dieser Fragestellung kommst du weniger in Versuchung, den Körper deines Partners* nur oberflächlich zu berühren. Vielmehr wird deine Hand nach DER Stelle suchen, die sie selbst im Moment wirklich genießen kann.

Nachdem ihr euch auf diese Weise berührt habt, gehört es selbstverständlich auch dazu, eure Genitalien aufzuwärmen. Wie in allen Dingen, ist auch hierbei jeder Mensch sehr unterschiedlich.

Der Mann kann entweder ein sanftes Streicheln des Penis sehr genießen oder er bevorzugt stilles Halten. Da ist jeder Mann unterschiedlich, weswegen der Partner* unbedingt mitteilen sollte, was ihn gut aufwärmt (nicht was ihn stimuliert!). Diese Sichtweise kann für den Mann ungewohnt sein, weil viele Männer es gewohnt sind, dass ihr Penis stimuliert wird. Doch es lohnt sich, herauszufinden, was dir als Mann gefällt, was schön und gleichzeitig entspannend ist, ohne dass es dich sehr stimuliert.

Bei Frauen ist es erfahrungsgemäß ein guter Ansatz, das Aufwärmen an den Brüsten zu beginnen. Bei Männern kann man oft mit der Berührung an den Genitalien beginnen, was bei den meisten Frauen nicht gut funktioniert. Um die Brüste aufzuwärmen, ist es, wie beim Penis auch, hilfreich zu erkunden, wie die Frau es gerne mag. Manche Frauen mögen es, wenn die Brüste still gehalten werden, andere möchten leicht gestreichelt werden, andere wiederum eher fester. Auch Blickkontakt ist für viele Frauen wichtig.

Wenn du Oralsex magst, kannst du auch das in deine Aufwärmphase einbeziehen. Dieser geschieht dann auch in der Haltung des Slow Sex: achtsam, entspannt, im Moment. Du kannst beispielsweise den Penis in den Mund nehmen und ihn dort ohne große Bewegungen halten und den intimen Kontakt genießen.

Um die Genitalien aufzuwärmen, ist es für viele Frauen sehr angenehm und entspannend, wenn der Mann die Hand zu Beginn ganz still auf die Vulva legt. Manche Frauen mögen es, ganz sanft gehalten zu werden, andere mit etwas mehr Druck. Das Halten entspannt viele Frauen bereits nach relativ kurzer Zeit. Man muss nicht immer etwas „tun", um eine Wirkung zu erzeugen.

Gut ist auch, die äußeren und inneren Venuslippen mit ins Streicheln einzubeziehen. Wenn du Oralsex magst, können die Venuslippen vorsichtig mit der Zunge und den Lippen liebkost werden. Alles soll lediglich aufwärmen und entspannen, nicht in hohe Erregung versetzen. Tausche dich mit deinem Partner* zu dieser Art von Aufwärmpraxis aus, denn es benötigt auch hier Lernen, um vom konventionellen anregenden Vorspiel zu einem, entspannten Aufwärmen zu kommen.

Wenn du noch nicht weißt, was genau dir gefällt und dich aufwärmt, besprich mit deinem Partner*, wie ihr beim Erforschen am liebsten vorgehen wollt. Haltet euch dabei vor Augen, dass nichts Bestimmtes geschehen muss, sondern alles, was entspannt und genussvoll ist, sein darf.

Es gibt keinen festen Zeitraum, wie lange das Aufwärmen dauern soll. Ihr merkt selbst, wann ihr aufgewärmt und bereit für die Vereinigung seid.

Das Wesentliche in Kürze:

Beim Aufwärmen geht es darum, euch und euren Körper auf den Slow Sex vorzubereiten. Dazu könnt ihr euch euch genussvoll streicheln, liebkosen, küssen, halten, massieren und alles andere, was euch einfällt und aufwärmt. Dabei werden natürlich auch die Genitalien mit einbezogen, auf bewusstes Stimulieren wird jedoch verzichtet. Alles, was entspannt und genussvoll ist, darf passieren. Selbstverständlich darf das Aufwärmen auch etwas erregen und lustvoll sein, solange ihr dabei ganz entspannt bleiben könnt. Nutzt dabei den Slow Sex-Test, um sicherzustellen, dass ihr immer noch im „Slow Sex-Mindset" unterwegs seid. Tauscht euch dazu aus, das bringt euch einander näher und ihr werdet euch noch besser kennenlernen.

Kommunikation während der Vereinigung

Wir haben schon über viele Aspekte gesprochen, die beim Slow Sex anders sind als beim konventionellen Sex. Deshalb möchten wir dein Augenmerk nun noch auf einen besonders wichtigen Punkt lenken: die Kommunikation beim Slow Sex.

Vielleicht dachtest du, dass du und dein Partner* still vor euch hin „slow sext". Das muss aber nicht sein, schon gar nicht die ganze Zeit. Denn durch das miteinander Sprechen hast du eine wunderbare Möglichkeit, dich immer wieder mit deinem Partner* in genau diesem Moment zu verbinden. Dabei ist es wichtig, dass du von dir selbst redest und über das, was du jetzt gerade in diesem Moment körperlich und emotional wahrnimmst und erlebst. Es geht also nicht darum, irgendetwas zu erzählen, sondern darum, etwas zu äußern, das deine Erfahrung des aktuellen Moments wiedergibt. Beispielsweise etwas wie: „Deine Hand auf meiner Hüfte fühlt sich warm und weich an, das lässt mich geborgen fühlen", oder „Ich genieße es gerade sehr, so nahe bei dir zu liegen und deine Wärme zu spüren." Berichte deinem Partner* auch von deinen sexuellen Wahrnehmungen: etwas fließt, etwas kribbelt, etwas fühlt sich besonders lustvoll an. Teile deinem Partner* das Erleben deiner Genitalien, deines Herzens, deines restlichen Körpers und auch von deinem Genuss des Augenblicks mit. Das, was du sagst, dient dazu, dich über dein aktuelles Erleben mitzuteilen und euch einander näher zu bringen. Es ist wichtig, dass du mit deinem Partner* darüber sprichst, wie sich etwas für dich anfühlt und wie es dir damit geht, auch wenn es mal weniger gut ist. Wenn du beispielsweise das Gefühl hast, es wäre schön, wenn sich dein Partner* weniger bewegen würde, könntest du es so ausdrücken: „Mir würde es mehr gefallen, wenn es langsamer oder ganz ruhig wäre. Dann kann ich mich besser entspannen." Es wirkt verbindend, wenn du mitteilst, was ein geäußerter Wunsch für dich bedeutet bzw. was für ein Bedürfnis (zum Beispiel Entspannung) sich dann erfüllt.

Wichtig ist ebenfalls, dass du im Hinterkopf behältst, dass ihr euch wohlgesonnen seid, denn sonst wärt ihr nicht zusammen in dieser Situation. Das ist vor allem dann sehr hilfreich, wenn dein Partner* dir sagt, dass er mit der aktuellen Berührung oder der Bewegung nichts anfangen kann. Auch wenn das, was er oder sie sagt, als Wunsch geäußert wird, wird es oft als Kritik empfunden. Diese Äußerungen mehr als Mitteilungen zu verstehen, statt als Angriff, ist der Schlüssel für mehr Offenheit und Vertrauen zwischen euch.

Das Wesentliche in Kürze:

Kommunikation bedeutet beim Slow Sex, dass du nur über die Gegenwart sprichst. Das hält dich und deinen Partner* in eurem gemeinsamen Erleben. Sprich ganz konkret darüber, was du körperlich und emotional wahrnimmst und was es für dich bedeutet. Alles andere hat in dieser Situation nichts zu suchen, dafür solltet ihr einen anderen Zeitpunkt wählen.

Dazu gehört auch, dass du nicht kommentierst, was der andere äußert. Du kannst bestätigende Geräusche machen, Rückfragen stellen (z.B. magst du das, wenn ich…?) oder, wenn dein Partner* mit sprechen fertig ist, im Gegenzug erzählen, was du selbst wahrnimmst.

Vereinbaren und Verabreden

Die vorangehenden Kapitel haben dir beschrieben, dass Slow Sex gelernt werden muss, damit du genießen kannst, was er dir bieten kann. Als erwachsene Menschen sind wir jedoch häufig nicht mehr gewohnt, Dinge von der Pike auf zu lernen. Gerade beim Sex denken viele oft nicht daran, dass er Lernprozesse benötigt. Doch genau diese Einstellung ist wichtig, damit du dich auf das Abenteuer Slow Sex einlassen kannst und nicht sofort alles abbrechen möchtest, wenn es mal nicht so toll war, wie du es dir erhofft hast.

Und natürlich hat jeder unglaublich viel zu tun und jeder hat viele liebgewonnene Gewohnheiten. Deshalb ist es sinnvoll, dass du mit deinem

Partner* gewisse Vereinbarungen triffst, um Slow Sex zu lernen. Diese Vereinbarungen helfen euch, einen Rahmen zu schaffen, der es euch erlaubt, auszuprobieren, Fehler zu machen und alles, was passiert, als Forschungsreise zu sehen. Diese Vereinbarungen helfen euch, das Lernen als experimentelles Feld zu sehen. Denn bei Experimenten darf etwas schief gehen oder es kann gelingen und im einen Fall lernt man daraus, im anderen freut man sich.

Wie die Vereinbarungen zwischen dir und deinem Partner* genau aussehen, werdet ihr gemeinsam erfahren und festlegen, denn jedes Paar ist verschieden. Im Folgenden bekommst du Anregungen, welche Vereinbarungen du treffen kannst, damit dir das Slow Sex-lernen leichter fällt und es dir gelingt, dich wirklich für Slow Sex zu begeistern. Bei diesen Vorschlägen handelt es sich lediglich um Empfehlungen. Schließlich ist es bei Vereinbarungen sehr wichtig, dass sie von dir und deinem Partner* aus vollem Herzen getroffen werden. Eine Vereinbarung, die einer von beiden nur halbherzig trifft, um eine Diskussion zu verkürzen oder seine Ruhe zu haben, macht beide Partner* letzten Endes eher unglücklich. Achtet daher beim Treffen der Vereinbarungen darauf, dass sie für euch beide passen und „stimmen". Dabei darfst du auch im Hinterkopf behalten, dass jede Vereinbarung, die ihr gemeinsam getroffen habt, durch Gespräche jederzeit veränderbar ist, wenn du merkst, dass sie dir nicht hilft oder euch beiden nicht gut tut.

Vereinbarungen sind darüber hinaus sehr wertvoll, weil ihr euch beide gedanklich auf das Neue einstellt und damit auseinandersetzt. Über die Verständigung, welche Vereinbarungen getroffen werden, macht ihr euch auf eine gemeinsame Reise, die damit schon vor dem eigentlichen Üben beginnt. Das ist ein Teil des Prozesses, der sexuelles Vertrauen wieder ermöglicht. Vor allem wenn ihr euch an die Vereinbarungen haltet, hat das einen sehr tiefgreifenden, stabilisierenden und vertrauensbildenden Effekt.

Die Verständigung über die Rahmenbedingungen eures Zusammenseins signalisiert euch gleichzeitig subtil, dass es euch ernst ist, dass ihr euch viel bedeutet und dass ihr zusammenbleiben wollt. Nutze daher die Chance, über das Treffen von Vereinbarungen wieder Nähe aufzubauen, denn das wollt ihr wahrscheinlich beide!

Vereinbart Slow Sex als Standardsex

Unserer Erfahrung nach ist es sehr hilfreich, wenn man einen festen Zeitraum festlegt, während dem Slow Sex euer Standardsex ist. Empfehlenswert ist dafür ein Zeitraum, den ihr gut überschauen könnt, der also nicht zu lang und nicht zu kurz ist. Vielen Paaren hilft zum Einstieg eine Zeitspanne von 4 bis 6 Wochen, in denen Slow Sex als Standard eingeführt wird und kein anderer Sex nebenher stattfindet.

Slow Sex und konventionellen Sex nicht mischen

Die Vereinbarung, keinen konventionellen Sex während der Übungszeit zu haben, hilft dabei, ein gutes Fundament für Slow Sex zu legen. Schließlich musst du dir eine ganz andere Art und Weise, Sex zu haben, aneignen und das gleichzeitig mit deinem Partner*. Wenn dann immer wieder das gewohnte Verhalten dazwischenfunkt, fällt das Lernen eher schwer.

Verzichte während der Lernphasen auf Pornos

In diesem Zusammenhang empfiehlt es sich auch, dass du während dieser Zeit keine Pornos schaust. Natürlich kann das jeder halten wie er möchte. Wir sprechen diese Empfehlung jedoch aus, weil durch Pornos andere Ideen und Sehnsüchte geweckt werden, als mit Slow Sex abgedeckt werden. Dadurch kommst du leichter in eine Defizithaltung und vermisst den

konventionellen Sex vielleicht mehr. Die Erwartung an die Begegnung mit deinem Partner* wird auf jeden Fall davon beeinflusst und für Slow Sex benötigst du andere Erwartungen, als in Pornos gezeigt werden.

Vereinbart die Häufigkeit von Slow Sex

Wenn es für dich und deinen Partner* nicht passt, eine ganze Zeit lang ausschließlich Slow Sex zu praktizieren, hilft euch möglicherweise ein Tipp, der bereits anderen Paaren geholfen hat. Dieser Tipp ist, die Häufigkeit festzulegen, wie oft ihr in der Woche Slow Sex einplanen möchtet. Damit wird Slow Sex für euch verbindlicher und die Beziehungspflege bekommt dadurch Priorität. Beispielsweise gibt es Paare, die entscheiden, dass sie mindestens drei Mal in der Woche Zeit für Slow Sex haben wollen. Andere bevorzugen eine andere Anzahl an Verabredungen.

Verabredet euch zum Slow Sex

Dies bringt uns zum nächsten hilfreichen Punkt: verabredet euch! Das hilft auch, Missverständnissen vorzubeugen und die nötige innerliche Vorbereitungszeit zu haben. Für die meisten Menschen hört es sich sehr unromantisch an, sich zum Sex zu verabreden. Viele Menschen entgegnen auch, dass sie vielleicht zum Zeitpunkt der Verabredung gar keine Lust auf Slow Sex haben. Dennoch sind sich die meisten Menschen einig, dass Sex etwas ganz Wichtiges ist. Falls es euch schwer fällt, euch zugleich zum Sex zu verabreden, probiert zuerst euch zum Nahsein zu verabreden und mit etwas Übung später zum Slow Sex.

> *Überlasst Sex nicht dem Zufall und erst recht nicht der Lust!*

Deshalb sollte man Sex auch nicht dem Zufall überlassen oder von der eigenen Lust abhängig machen. Gerade für Slow Sex eignen sich feste Verabredungen, weil Slow Sex nicht von der richtigen Stimmung, von der

Lust aufeinander oder von der spontanen Lust auf Sex abhängt.

Gerade beim Verabreden zum Sex kann man viele innere Prozesse bei sich selbst beobachten, die dazu führen, dass man generell weniger Sex hat, als man sich das wünscht. Das Verabreden zum Sex ist für viele Menschen gar nicht einfach. Das liegt nicht etwa daran, dass sie keine Lust auf Sex haben, sondern dass sie glauben, dass Sex immer spontan geschehen sollte. Viele wehren Verabredungen zum Sex regelrecht ab, indem sie sagen, es gehe nicht, da man Lust nicht planen könne. Aus eigener Erfahrung und der Erforschung des Themas „sich zum Sex verabreden" konnten wir zwei hauptsächliche Widerstände identifizieren. Zum einen die Angst, in den Moment der Nähe zu kommen und dem Fühlen die Priorität zu geben. Denn in unserer Gesellschaft sind der Verstand und das Planen sehr im Vordergrund. Wenn man dann dem Fühlen Vorrang gibt, protestiert der Verstand ein wenig. Zum anderen fühlen sich viele durch eine Verabredung zum konventionellen Sex unter Druck gesetzt. Wir finden das verständlich, denn man kann nicht wissen, wie der eigene Körper zum verabredeten Zeitpunkt reagieren wird und ob man den Erwartungen seines Partners* gerecht werden wird. Bei der Verabredung zum Slow Sex ist das anders, da du nicht irgendetwas Bestimmtes fühlen oder in einer bestimmten Art und Weise reagieren musst. Hier kann euch wieder die Vorstellung helfen, dass ihr euch zum Kuscheln plus verabredet.

So geht ihr am besten mit Slow Sex-Verabredungen um

Gerade für Slow Sex ist es sehr wichtig, dass man sich verabredet und sich darauf auch verlassen kann. Daher sollten sexuelle Verabredungen nicht einfach gestrichen oder leichtfertig verschoben werden. Es ist wichtig, Verabredungen zu treffen, die beide einhalten und auf die sich beide freuen können, dies schafft Vertrauen. Außerdem helfen Verabredungen dabei, eine gewisse Regelmäßigkeit zwischen den Begegnungen zu fördern und die Abstände nicht zu groß werden zu lassen. Verabredet man sich nicht, kann es leicht passieren, dass die Tage mit anderen Dingen ausgefüllt werden und so Slow Sex sowie die Gemeinsamkeit zu kurz kommen. Gerade in der Slow Sex-Übungsphase ist es sinnvoll, dass sich beide Partner* feste Termine in den Kalender eintragen, damit Slow Sex für euch eine Priorität in eurem Leben erhält. Falls es dir hilft: Erinnere dich beim Verabreden zum Slow Sex daran, dass du keine Lust brauchst, um Slow Sex zu haben- er funktioniert auch ohne!

Schützt die Zeit vor jeder Slow Sex-Verabredung

Um Verabredungen einzuhalten und dich gut darauf einzustimmen, hilft es, wenn du dir eine gewisse Zeit vor der Verabredung die Ruhe nimmst, dich auf dich selbst zu besinnen. Denn wenn du noch fünf Minuten vor der Verabredung Telefonate geführt hast oder die Wäsche machst, beginnt eine Verabredung recht holprig. Wenn jeder für sich circa eine Stunde vor der Verabredung aufhört, hektisch Alltagsdinge zu erledigen, etwas zu planen oder wichtige Entscheidungen zu treffen, kommt ihr viel einfacher in ein ruhigeres Tempo und könnt euch in der Zeit bis zur Verabredung darauf freuen, dass ihr euch gleich sehr nahe sein werdet. Auch alle Entscheidungen und Diskussionen, die die Partnerschaft betreffen, sollten in dieser Vorbereitungsphase und während des Slow Sex keine Rolle spielen, sondern auf einen anderen Zeitpunkt verschoben werden. Verabredet dafür am besten einen konkreten Zeitpunkt außerhalb des Slow Sex und vermerkt ihn im Kalender, das hilft dem Kopf, sich zu entspannen.

Ich erinnere mich noch genau an einen Abend, an dem ich große Lust hatte, mich mit Yella zu verbinden, ihr nah zu sein und mit ihr zu schlafen. So ging ich in ihr Zimmer und begann, ihre Schultern zu massieren, während sie am Computer saß und im Internet surfte. Gerade wollte ich meine Einladung aussprechen, als sie mich fragte, ob wir einen Ausflug zu Gunsten eines Workshops streichen sollten oder in einigen Wochen lieber gar nicht wegfahren sollten. Genau in diesem Moment verschwand jegliche Lust auf Liebe-machen und Nähe aus meinem Körper. Das war ein äußerst eindrucksvoller Moment, da ich ihn sehr bewusst erlebte. Später berichtete ich Yella davon und wir lernten beide daraus. Von da an achteten wir immer mehr darauf, keine praktischen Gespräche (mehr) miteinander zu führen, bevor wir Paarzeit eingeplant hatten. Das tat uns sehr gut, da es zu mehr Achtsamkeit führte.

Das Verabreden zum Slow Sex benötigt ein wenig Übung, also verzweifle nicht und gibt nicht gleich auf, wenn es zu Beginn weniger gut klappt. Auch diese neue Gewohnheit benötigt Zeit, um sich zu etablieren, bis sie sich gut anfühlt und gut funktioniert.

Das Wesentliche in Kürze

Vereinbarungen und Verabredungen können dir helfen, Slow Sex leichter zu erlernen und in deinen Alltag zu integrieren.

Folgende Vereinbarungen helfen dabei vielen Paaren enorm:

✦ *Circa sechs Wochen keine Orgasmen miteinander haben. Jeder kann für sich selbst einen Orgasmus „organisieren", aber gemeinsam bleibt es ein orgasmusfreier Raum. Das schafft Klarheit, weil man weiß, worauf man sich gerade einlässt und lange Diskussionen und Verhandlungen erübrigen sich.*

✦ *Slow Sex sollte für einen gewissen Zeitraum als Standard gelten.*

✦ *Der gewählte Zeitraum dafür sollte sich überschaubar anfühlen, dann ist es einfacher, sich darauf einzulassen. Nicht zu kurz und nicht zu lang.*

Die positiven Auswirkungen von sexuellen Vereinbarungen sind:

✦ *Man begibt sich auf eine gemeinsame Reise*

✦ *Slow Sex bekommt gezielt Zeit gewidmet: Sex wird wichtig genommen in der Beziehung*

✦ *Man lässt sich darauf ein und nimmt es ernst, auch wenn es in der ersten Zeit nicht so leicht ist*

✦ *Vertrauen wächst, wenn Vereinbarungen eingehalten werden*

Umgang mit Verabredungen:

✦ *Alle Verabredungen sollten im Kalender stehen*

✦ *Bei vielen hat sich mindestens ein fester Termin in der Woche be-*
währt

✦ *Verabredungen zum Slow Sex sollten nicht gestrichen, sondern allen-*
falls verschoben werden

✦ *Etwa eine Stunde vor der Verabredung sollten keine wichtigen*
Erledigungen gemacht, Entscheidungen getroffen oder praktische
Gespräche über den Alltag geführt werden

Praktische Tipps

Du hast in den letzten Kapiteln gelesen, wie du das Aufwärmen gestalten
kannst und wie du am besten mit deinem Partner kommunizierst. Wenn
Paare die ersten Male Slow Sex haben, stoßen sie häufig auf Themen,
bei denen sie sich fragen, wie sie damit umgehen sollen. Wir wollen
dich in diesem Kapitel bereits auf diese Themen vorbereiten und dir von
unserer Seite einige praktische Impulse mitgeben.

Die Brüste

Brüste werden im gesamten Liebesspiel häufig unterschätzt, dabei sind
sie eine wunderbare Körperstelle, um mit dem Aufwärmen zu beginnen.
Männer kennen häufig das Bedürfnis nach Aufmerksamkeit für ihren
Penis. Ähnlich verhält es sich oft bei Frauen mit der Brust. Viele Frauen
mögen es, wenn die Brüste erst einmal nur gehalten werden, ganz ohne
Stimulation oder Streicheln. Dazu musst du nichts tun, sondern einfach
nur spüren, wie sich die Brust in den Händen anfühlt, ohne etwas mit
ihnen machen zu wollen. Das ist eine gute Gelegenheit, sich mit der
Frau zu verbinden und sie empfänglich für sexuellen Kontakt zu machen. Denk dabei am besten auch an den Energiekreislauf, der weiter
oben beschrieben wurde. Die Brust in Verbindung mit dem Herzen ist

der Pluspol der Frauen. Erst wenn dieser aktiviert ist, fließt die sexuelle Energie in die Genitalien.

Da jede Frau anders ist, lohnt es sich, nachzufragen, ob die Frau an den Brüsten lieber gestreichelt oder gehalten werden möchte. Als Frau darfst du dir die Frage stellen, was dir besser gefällt, um dich mit deinem Partner zu verbinden. Übrigens: Auch Komplimente und Wertschätzung aktivieren und wärmen den Pluspol der Frau und lassen die Energie in ihre Genitalien fließen.

Erektion

Das Schöne am Slow Sex ist, dass man keine Erektion braucht, um schönen Sex zu haben. Konkret bedeutet das, dass ihr die Genitalien auch einfach so nah wie möglich aneinander legen und dadurch wunderschöne sexuelle Erlebnisse haben könnt[8]. Mach dir also keine Gedanken darüber, ob und warum eine Erektion vorhanden ist oder nicht, denn das ist für Slow Sex nicht wichtig. Betrachte es auch nicht als Messinstrument dafür, ob der Sex gut ist und ob der Zeitpunkt oder deine Stimmung passen. Vielleicht kennst du auch das Phänomen, dass es Erektionen gibt, die nicht ganz steif sind, sondern ein Mittelding zwischen hart und weich, quasi „al dente". Diese Erektion ist für viele Männer sogar ein Erektionszustand, in dem sie ihren Penis mehr und differenzierter spüren können als bei einer stahlharten Erektion.

---

8 - Am häufigsten passiert es uns beim Slow Sex, dass es am Anfang eine Erektion gibt, die aber nach der Vereinigung irgendwann vergeht, manchmal schon nach wenigen Minuten. Dann kann es passieren, dass der Penis fast oder ganz aus der Vagina rutscht. Mach dir keine Gedanken um eine Erektion. Wenn die Erektion nachlässt, hat das keinerlei Aussage über das Begehren oder sonst eine Bedeutung. Mache dir klar, dass es keine Bedeutung hat, wenn eine Erektion verschwindet. Lass alles genauso geschehen wie es geschieht und sei dir dessen bewusst, dass es weiterhin Sex ist, solange sich die Genitalien berühren. Konkret heißt das: Wenn die Erektion vergeht und der Penis halb oder ganz aus der Vagina rutscht, ist das Teil von Slow Sex. Ändere in diesem Fall nichts, sondern lass alles wie es ist und genieße den Kontakt, der jetzt da ist. Manchmal kann man mit einer zweiten Runde Aufwärmen eine Erektion „einladen". Dagegen ist nichts einzuwenden. Es muss aber nicht unbedingt sein. Du kannst nach dem Sex selbst im Körper spüren, wie genährt und gesättigt du dich fühlst, auch wenn du fast die ganze Zeit keine Erektion hattest.

Daher setze dich nicht unter Druck, wenn du keine Erektion bekommst, denn es geht nicht um Standfestigkeit, sondern darum, was du als Mann spürst und wahrnehmen kannst. Genuss ist die Leitlinie und mit und ohne Erektion möglich.

Feuchtigkeit

Genau wie die Erektion des Mannes vorhanden sein kann oder nicht, ist es bei der Frau mit der Feuchtigkeit. Es ist egal, ob viel oder wenig Feuchtigkeit da ist, sie zeigt nicht an, wie genussvoll die Begegnung ist. Wenn gerade wenig Flüssigkeit vorhanden ist, ist das kein Zeichen dafür, dass es schlecht ist oder dass du als Frau es nicht hinbekommst. Die Flüssigkeit ist genauso wenig als Maßstab für Genuss geeignet, wie die Erektion beim Mann. Ob du feucht bist oder nicht, beides ist vollkommen okay, es hat keine Bedeutung. Gehe ganz praktisch damit um: Nutze ein für dich passendes Gleitmittel, damit es sich gut und geschmeidig anfühlt. Zu diesem Thema bekommst du später noch mehr Informationen, damit du dich für das Gleitmittel entscheiden kannst, welches sich für dich am besten anfühlt.

Das erste Einführen

In jeder Slow Sex-Session gibt es den Moment, in dem das erste Einführen des Penis stattfindet. Dies findet jedoch anders statt als beim konventionellen Sex. Stell dir eher vor, dass dieses erste Reingleiten wie eine Delikatesse ist, die du ganz besonders genießt. Koste dieses erste Hineinführen so lange aus, wie es nur geht. Es kann dabei nicht langsam genug vonstatten gehen, denn hier kommt das „slow" von Slow Sex so richtig zum Tragen. Koste diesen Moment des ersten Ineinandergleitens so richtig aus. Je mehr Zeit du darauf verwendest, desto besser kannst du dich auf dieses Gefühl konzentrieren. Gleite dabei wirklich Millimeter für Millimeter voran und führe den Penis in ganz winzigen Schritten in die Vagina ein. Dabei gilt, dass es nichts zu „machen" gibt, lass es einfach geschehen. Als Mann kannst du dir das so vorstellen, dass du dich von der Vagina langsam hineinsaugen lässt, als Frau ist es eher ein entspanntes sich Öffnen. Diese Langsamkeit ist eine gute Möglichkeit, immer feinere Empfindungen wahrzunehmen.

Küssen

Das Küssen kann genauso entspannt sein wie der Slow Sex selbst. Das heißt: Lass zu, dass sich nur die Lippen berühren. Spüre die Wärme der Lippen deines Partners* und atme diese Wärme tief ein. Lass die Lippen still aufeinander ruhen, das stellt bei vielen Menschen eine sehr große Nähe her und viel Kontakt. Wir empfehlen für den Slow Sex die Zunge beim Küssen nicht zu verwenden, da dies oft zu viel und zu schnell sexuelle Energie generiert, was die Gefahr mit sich bringt, euch in den konventionellen Sex zu „schicken".

Bewegungen

Bei den Bewegungen verhält es sich wie beim Küssen und der Vereinigung: Sei achtsam und präsent. Damit ist gemeint, dass du in deinen Körper hineinlauschst und dann wahrnimmst, wo genau sich in deinem Körper ein Bewegungsimpuls befindet. Im Gegensatz dazu kennst du es wahrscheinlich eher so, dass du denkst: „So und so möchte ich mich jetzt bewegen, damit XY erreicht wird." Aus diesem Gedanken entsteht dann häufig der Bewegungsbefehl. Beim Slow Sex ist es andersherum: Du *spürst*, wo sich dein Körper bewegen möchte, dem gibst du nach und lässt die Bewegung geschehen. Dadurch werden die Bewegungen meist kleiner und feiner. Mach diese nicht, um die Erregung zu steigern.

Als Mann kannst du im Becken zwischen den Rein-Raus-Bewegungen und den kreisenden Bewegungen unterscheiden. Die Stoßbewegungen lassen die meisten Männer sehr heiß werden, wobei dann jedoch meist weniger Kontrolle über die Erregung und das Spüren da ist. Mit den Kreisbewegungen hast du mehr Kontrolle über deine Bewegung und somit über deine Erregung, wodurch du deine Energie besser verteilen kannst.

Als Frau kannst du ebenfalls darauf achten, wo in deinem Körper gerade ein Bewegungsimpuls entsteht. Wo möchtest du dein Becken bewegen oder dich räkeln? Erzwinge damit keine Erregung und versuche auch nicht, deinen Partner dadurch zu erregen. Wenn du dich bewegst, tu es deshalb, weil der Impuls da ist und du es genießt. Eine andere Art, die

Bewegungen beim Slow Sex zu beschreiben, ist die, mit den Bewegungen nach Genuss zu forschen und zu lauschen. Stelle dich und deinen Körper „auf Empfang" und höre, was bei der nächsten Bewegung in deinem Körper zu klingen beginnt. Lass dich vom Ergebnis der Bewegungen überraschen.

Diese Form der Bewegung sorgt dafür, dass die Bewegungen meist sehr leicht und fein ausfallen. Es ist eine Kunst, darauf lauschen zu lernen und sich aus diesem Impuls heraus zu bewegen. Mit der Zeit wirst du feststellen, dass sich auch wenige Millimeter Bewegung und Umpositionierung sehr intensiv anfühlen können.

Die Klitoris beim Slow Sex

Im konventionellen Sex wird die Klitoris sehr betont und du wirst in vielen Ratgebern gelesen haben, dass die Klitoris für die sexuelle Erregung der Frau unglaublich wichtig ist, weshalb du ihr viel Aufmerksamkeit schenken solltest. Meistens wird in diesen Ratgebern auch gesagt, dass die Klitoris für Frauen der einzige Weg ist, zum Orgasmus zu kommen. Vielleicht hast du als Frau diese Erfahrung bisher auch gemacht. Im Slow Sex schlagen wir euch eine andere Vorgehensweise vor. Zwar sorgt die Klitoris bei vielen Frauen dafür, dass sexuelle Energie ins Fließen kommt, jedoch auch dafür, dass Erregung sehr schnell gesteigert wird. Im Slow Sex ist der Ansatz ein anderer, da es nicht um die Steigerung der Erregung geht. Außerdem ist es häufig so, dass die über die Klitoris ausgelöste Art der Erregung dazu führt, in eine bestimmte Erwartungshaltung zu geraten. Das bedeutet, dass viele Frauen dann nicht mehr so gelassen und entspannt bleiben, wenn der Sex doch nicht zum Orgasmus führt. Die klitorale Erregung führt oft zu einer gewissen Anspannung, die sich auch wieder auflösen möchte. Im Slow Sex versuchen wir, vor allem am Anfang, auf der Erregungsskala auf einer 1 zu sein. Das ist, als würdest du eine Herdplatte lediglich auf lauwarm stellen. Da ist es hilfreich, auch die Klitoris anders als im konventionellen Sex zu behandeln. Anders zu behandeln kann bedeuten, dass du sie möglicherweise nicht intensiv stimulierst, sondern sie lediglich berührst und hältst, ohne etwas „zu machen".

Oder du lässt die Klitorisperle eine Weile ganz aus dem Liebesspiel heraus, falls du sonst über die Klitoris ziemlich direkt zum Orgasmus kommst.

Es geht im Slow Sex darum, die Klitoris auf eine neue Weise zu berühren, bei der es nicht um Erregungssteigerung geht. Tatsächlich ist es so, dass die Klitoris nie ganz außen vor ist, da sie viel größer ist, als die kleine Perle, die man sehen kann und die oft sehr viel Beachtung genießt. Stattdessen gibt es im Inneren des weiblichen Körpers weitere Teile der Klitoris, die sich wie Flügel um die Vagina legen.[9] Auch wenn der äußere Teil, die Klitorisperle, nicht direkt stimuliert wird, bleibt die Klitoris durch die Berührung durch die Vaginawände hindurch Teil des Spiels.

Der weiche Blick beim Slow Sex

Der „weiche Blick" ist eine ganz besondere Art zu schauen. Dabei entspannst du deinen Blick, sodass das Bild nicht mehr „scharf gestellt" ist und erlaubst damit, dass das Bild zu dir kommt. Wir sind es gewohnt, unsere Umwelt mit einem scharf gestellten Blick beobachtend und absuchend zu betrachten. Im Gegensatz dazu ist der weiche Blick eher so, als würdest du tagträumerisch durch die Gegend blicken, manchmal fällt dir etwas ins Auge und anschließend defokussierst du wieder. Damit kannst du ganz entspannt die visuellen Eindrücke zu dir kommen lassen. Vielleicht hilft dir die Vorstellung, dass Augen ein Tor zur Seele sind, das heißt, dass dein Partner über deine Augen in dich hineinschauen darf. Eine Möglichkeit, diesen „weichen Blick" aufzusetzen, ist, die Augen zu schließen, dir innerlich zu sagen, dass du den weichen Blick einsetzen möchtest, anschließend die Augen ganz langsam zu öffnen, als wären die Augenlider Vorhänge, und das Bild in dich hineinfließen zu lassen (dabei das Bild nicht aus Gewohnheit scharfstellen). Oft nimmt man dabei die Farben und die Umwelt viel emotionaler wahr als beim fokussierten Sehen. Manchmal spürst du durch den weichen Blick auch eine direkte Verbindung von deinen Augen zum Herzen. Unsere Erfahrung ist: durch den weichen Blick wird auch das Herz weich.

---

9 - Mehr dazu findet sich in modernen Anatomie-Büchern wie z.B. „Frauenkörper neu gesehen" (siehe Buchverzeichnis). Die tatsächliche Größe der Klitoris wurde erst 1998 komplett entdeckt!

Der Atem beim Slow Sex

Der Atem hat beim Slow Sex verschiedene Funktionen. Zum einen kannst du damit den Genuss intensivieren. Wenn sich beispielsweise etwas sehr gut auf deiner Haut anfühlt, kannst du einen tiefen Atemzug nehmen und wirst merken, dass sich dieses Gefühl durch den tiefen Atem verstärkt. Zum anderen hilft dir der Atem dabei, im Moment zu bleiben, weil der Fokus auf den Atem alles entschleunigt und dich ganz nah zu dir selbst bringt. Auch wenn du merkst, dass deine Gedanken abschweifen, kannst du den Atem nutzen, um wieder ganz präsent ins Hier und Jetzt zu kommen, indem du das Ein- und Ausströmen deines Atems beobachtest. Außerdem intensiviert sich das Fühlen auf der Haut und im Inneren, wenn man tief atmet. Das kann dir dabei helfen, die Empfindungen, die du während des Slow Sex wahrnimmst, deutlicher zu machen und zu verstärken. Das hilft vor allem auch in der ersten Lern-phase, wenn du noch nicht so geübt bist, die kleinen und feinen Wahr-nehmungen zu registrieren. Lass deinen Atem also immer fließen und halte ihn beim Slow Sex nicht an.

Die beliebtesten Slow Sex Stellungen

Viele bekannte Sexpositionen sind nicht sonderlich gut dafür geeignet, lange Zeit Sex zu haben. Sie sind meist nicht bequem oder entspannt. Es geht also darum, dass du dir Positionen suchst, die bequem sind und in denen du lange Zeit verbleiben kannst und möchtest. Doch egal welche Position du für dich findest, es kommt immer darauf an, dass du in die-ser Position entspannen kannst. Es soll sich so anfühlen, als würdest du in einer Hängematte liegen. Beide Partner* sollen sich wohl und (musku-lär) entspannt fühlen. Der ganze Körper sollte so wenig Anspannung in den Muskeln haben, wie es nur möglich ist.

Beim Slow Sex braucht es Stellungen, die sich für langen, entspannten Sex eignen. Das liegt daran, dass bei den ersteren viele Muskeln angespannt werden und meist eine der beiden Personen viel mehr Gewicht trägt als die andere. Das eignet sich natürlich nicht für die Dauer von einer Stunde oder länger, wie es im Slow Sex üblich ist. In diesem Kapitel stellen wir dir daher Stellungen vor, die für Slow Sex bestens geeignet sind. Das sind jedoch nicht die einzigen Stellungen, die es gibt. Natürlich kannst du jede Stellung verwenden, die dir geeignet erscheint und du kannst diese jederzeit variieren. Dazu ist es sinnvoll, wenn du weißt, welche Kriterien dir helfen, herauszufinden, was eine gute Slow Sex-Stellung ausmacht.

Da es im Slow Sex sehr viel um Entspannung geht, ist es wichtig, dass du in der Stellung so viele Muskeln wie möglich entspannen kannst. Jeder einzelne Muskel, der nicht unbedingt benötigt wird, sollte vollkommen locker sein. Stell dir vor, du würdest in einer angenehm warmen Badewanne oder in einem Whirlpool liegen. Das entspricht dem Grad der Entspannung, den du für Slow Sex haben solltest.

Das bedeutet, dass die Stellung nicht anstrengend sein „darf". Das heißt, dass Stellungen, bei denen viel Kraft benötigt wird (also alle Stellungen, in denen der Mann die Frau anhebt oder Stellungen, bei denen man sich aktiv aufstützen muss), für Slow Sex nicht gut geeignet sind. Die Muskeln sollen in den Stellungen nicht erschöpft werden, denn schließlich geht Slow Sex oft über ein bis zwei Stunden.[10]

Damit es bequem ist, kannst du verschiedene Hilfsmittel verwenden: Besonders gut eignen sich feste Kissen wie Meditationskissen oder eng zusammengerollte Handtücher / Decken (darüber erfährst du später noch mehr). Damit unterfütterst und unterstützt du die Regionen des Körpers, die möglicherweise ermüden oder die bei längerem Liegen Kraft brauchen würden. Vielleicht kennst du das vom Schlafen: Manche Menschen nutzen spezielle Kissen, damit sie bequemer auf der Seite schlafen können. Diese Kissen unterstützen das Bein und den Rücken, da es andernfalls für die Hüfte und für den Rücken sehr anstrengend wäre, über längere Zeit in dieser Position zu verharren. So ähnlich funktioniert es beim Slow Sex.

Ein weiteres wichtiges Kriterium für eine „gute" Slow Sex-Stellung ist, dass sie dir ermöglicht, vereinigt zu bleiben, also Penis und Vagina in-

---

10 - Uns ist wichtig zu betonen, dass sich dies wie Regeln anhören mag, es aber keine sind. Verstehe sie am besten als Empfehlung für die Lernphasen. Wenn man Slow Sex in der Tiefe verinnerlicht hat, kann man Slow Sex nach den Lernphasen in jeder beliebigen Stellung praktizieren. Unserer Erfahrung nach regelt die Slow Sex-Haltung die Slow Sex-Praxis, die Stellungen und Bewegungen, später ganz von alleine.

einander stecken zu lassen. Idealerweise ganz unabhängig davon, ob der Penis erigiert ist oder nicht. Am besten ist es, wenn die Schwerkraft euch hilft. Das ist in manchen Stellungen, die sich hervorragend für konventionellen Sex eignen, nicht gegeben.

All diese Kriterien sollte eine gute Slow Sex-Stellung bieten. Du kannst dir die vorgeschlagenen Stellungen anschauen und mit deinem Partner* gemeinsam an eure Bedürfnisse anpassen, denn schließlich ist jeder Mensch anders. Die vorgestellten Stellungen sind für die meisten Menschen gut praktizierbar[11].

Die Scherenstellung

Das ist die klassische Slow Sex Stellung. Beide Partner* liegen zu Beginn nebeneinander auf dem Rücken. Die Frau hebt dann das Bein, welches direkt neben dem Mann liegt, während der Mann sich auf die Seite mit Blick zur Frau dreht und näher an sie heranrückt. Er legt dann sein unteres Bein unter das auf dem Bett liegende, ausgestreckte Bein der Frau und legt sein anderes Bein über dasselbe. Sein Becken und Penis liegen somit direkt an Becken und Vagina der Frau. Das angehobene Bein legt die Frau dann auf die Hüfte des Mannes. Es wird auf Kissen gelagert, damit es nicht einschläft und entspannen kann. Außerdem verhindert das Kissen, dass der Mann das gesamte Gewicht tragen muss. Das obere Knie des Mannes wird ebenfalls auf einem Kissen abgelegt, sodass sein Bein nicht auf dem Oberschenkel der Frau liegt. Das Becken des Mannes wird von einem Halbmondkissen gestützt, damit er direkt am Becken der Frau bleiben kann und der Penis von oben leicht in die Vagina gleitet. Die Schwerkraft arbeitet so für euch. Mehr Informationen zu den Kissen findest du im nächsten Kapitel.

---

11 - Sexstellungen textlich so zu beschreiben, dass sie leicht nachgemacht werden können, ist sehr herausfordernd. Deswegen haben wir den Text mit eigenen Illustrationen angereichert. In unserem Onlinekurs zeigen wir in einem ausführlichen Video, wie jede der drei Slow Sex-Stellungen genau funktioniert und wo du welche Kissen zur Unterstützung hinlegst (selbstverständlich alles in bekleidetem Zustand).

Die Falterstellung

Für diese Stellung brauchst du verschiedene feste, hohe Kissen. Zwei Kissen werden rechts und links eines Kopfkissens gelegt. Die Stellung beginnt wie eine ganz normale Missionarsstellung. Die Frau liegt auf dem Rücken und hat die Beine gespreizt. Der Mann legt sein Becken auf das der Frau. Dann legt der Mann ein Bein zur Seite über das Bein der Frau und legt sich auf der anderen Seite mit dem Oberkörper auf eines der seitlichen Kissen. Es bietet sich an, den Rumpf und den Oberkörper des Mannes mit weiteren großen, festen Kissen zu unterstützen. Du kannst dir als Erklärung bildhaft vorstellen, dass die Frau eine Gerade wäre und der Mann eine Diagonale, die auf ihr liegt, zusammen sehen beide wie ein Schmetterling aus.

Wenn diese Liegeposition nach einer Weile unbequem wird, wechselt der Mann einfach die Seite.

Die entspannte Reiterin

Im Prinzip ist diese Stellung umgekehrt zur Falterstellung, mit dem Unterschied, dass die Frau oben liegt und der Mann unten. Die Stellung kann so eingenommen werden, dass die Frau in der allgemein bekannten Reiterposition auf dem Mann sitzend beginnt. Dann legt sie ihren Kopf neben dem Kopf des Mannes auf einem Kissen ab. In dieser Position kann sie, wenn sie will, auch die Beine ausstrecken.

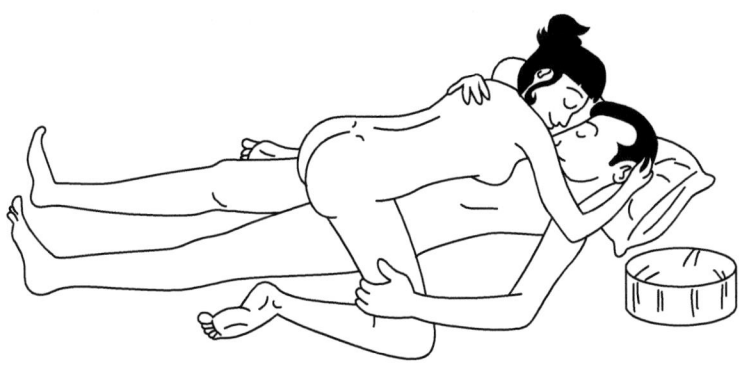

Das Wesentliche in Kürze

Nicht jede Stellung ist für (das Lernen von) Slow Sex geeignet. Um zu überprüfen, ob die Stellung geeignet ist, kannst du folgende Kriterien heranziehen:

✦ Jeder Muskel kann wie in einer Hängematte richtig entspannen.

✦ Sie ist nicht anstrengend, sodass sie locker ein bis zwei Stunden gehalten werden kann.

✦ Idealerweise arbeitet die Schwerkraft für euch und sorgt dafür, dass Penis und Vagina ganz von alleine - ohne Muskelaufwand - immer vereint oder in engem Kontakt bleiben, egal ob der Penis erigiert ist oder nicht.

✦ Du nutzt Kissen als Unterstützung, sodass kein Körperteil einschläft und es möglichst bequem ist.

Kissen: die praktischen Slow Sex-Helfer

Wie du im Kapitel über Slow Sex-Stellungen gelesen hast, sind Kissen wichtige Hilfsmittel für schönen, entspannten Slow Sex. Damit du weißt, worauf es bei den Kissen ankommt, erhältst du in diesem Kapitel weitere Informationen. Für Slow Sex lohnt es sich, gute, feste Kissen zu besorgen. Sofakissen oder normale Kopfkissen werden schnell zusammengedrückt und behalten dadurch weder ihre Form noch die erforderliche Höhe. Gerade während du mit deinem Partner* 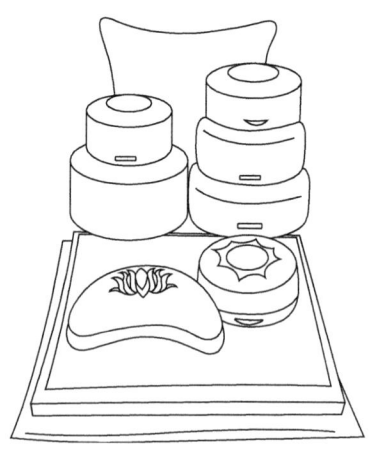 zusammenliegst, möchtest du dich nicht um ein Nachrücken oder ein Aufschütteln von Kissen kümmern müssen.

Kissenarten, die Slow Sex sehr unterstützen können, sind z. B. die folgenden:

Meditationskissen

Eine der wichtigsten Kissenarten für Slow Sex sind Meditationskissen. Es ist empfehlenswert, dass sie zwei Hüllen oder Kissenbezüge mit Reißverschluss haben. Das hat den Vorteil, dass du die Füllmenge der Kissen variieren kannst, sodass die Kissen praller oder dünner sind, je nach deiner Vorliebe. Eine Füllung aus Buchweizen- oder Dinkelspelz hat den Vorteil, dass diese luftdurchlässig, jedoch nicht so fest und leichter als bei den Füllungen mit kleinen Kügelchen sind. Dadurch, dass sich die Spelzen ineinander verhaken können, bleiben die Kissen recht gut in der Form, die man wünscht. Außerdem lässt sich die Außenhülle waschen.

Nacken- und Knierollen

Ebenfalls geeignet sind Kissen in Rollenform. Auch diese sollten einen zusätzlichen Bezug haben, damit man diesen waschen kann. Sie sind besonders geeignet, Knie, Arme oder auch den Nacken zu unterstützen.

Hörnchen- oder Halbmondkissen

Hörnchenkissen sind wunderbar geeignet, um das Becken in der Seitenlage zu unterstützen. Diese Kissenform findet man auch als Meditationskissen. Das hat den Vorteil, dass auch dieses Kissen mittels der Füllung angepasst werden kann, sodass der Po des Mannes bei der Scherenstellung gut unterstützt wird.

Alternativen für den Schnellstart

Wenn du sofort starten möchtest, bevor du Kissen besorgt hast oder wenn du mit deinem Partner* auf Reisen bist und ihr nicht alles mitnehmen wollt/könnt, gibt es praktische Alternativen. Als Nackenrollen

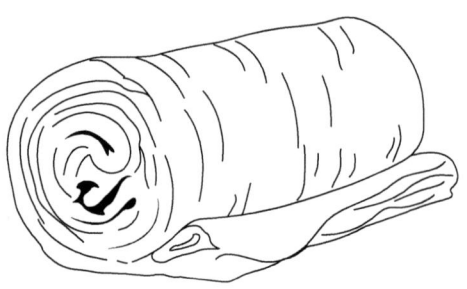

und Kopfkissen kannst du Frottierhandtücher zu festen Rollen wickeln. Du kannst (gerollte) Sofadecken nutzen, die dir Unterstützung in den seitlichen Stellungen geben können.

Verwendest du Sofadecken oder Ähnliches, das nicht waschbar ist, solltest du diese mit etwas Waschbarem abdecken, z.B. einem dünnen Baumwolltuch (einem sogenannten Lunghi), damit Gleitmittel oder Öl nicht direkt auf die Materialien kommen.

Suche dir also Hilfsmittel, die dich unterstützen. Du kannst dabei sehr kreativ sein. Vielleicht hast du zu Hause Schaumstoffkeile oder Ähnliches, diese eignen sich ebenfalls sehr gut.

Gleitmittel: eine Welt der geschmeidigen Möglichkeiten

Zuvor hast du schon erfahren, dass es sich anbietet, ein Gleitmittel zu benutzen, welches dich und deinen Partner unterstützt. Damit der Slow Sex so richtig schön wird und du dir über Feuchtigkeit keine Gedanken machen musst, ist ein Gleitmittel, das euch beiden gefällt, besonders wichtig. Um das für euch passende Gleitmittel zu finden, lohnt es sich, mehrere auszuprobieren.

Nicht jedes Gleitmittel fühlt sich für jeden Menschen gleich gut an. Deswegen solltest du nach dem ersten Versuch nicht alles hinwerfen, falls es noch nicht gepasst hat, sondern einfach ein anderes ausprobieren. Ein

Gleitmittel, das für den einen perfekt ist, kann einem anderen wiederum überhaupt nicht gefallen, es ist wirklich sehr individuell. Jede Form von Gleitmittel hat Vor- und Nachteile.

Grundsätzlich gibt es drei Arten: ölbasierte, silikonbasierte und wasserbasierte Gleitmittel.

Ölbasierte Gleitmittel:

Ölbasierte Gleitmittel sollten auf natürlichen Ölen basieren, keine künstlichen Zusatzstoffe beinhalten und möglichst nativ sein. Vorsicht ist bei stark riechenden Ölen geboten, da ätherische Öl zwar natürlich sind, aber die empfindlichen Schleimhäute reizen können. Probiere das Öl am besten vorher aus. Sehr gut eignen sich Kokosöl oder Mandelöl, aber auch Shea-Butter-Öl. Der Vorteil an Ölen ist, dass sie natürlich sind. Der Nachteil ist, dass sie nicht mit Latexkondomen verwendet werden dürfen, da sie das Latex spröde machen und der Schutz damit herabgesetzt wird. Kondome aus anderen Materialien können mit Ölen zusammen verwendet werden, doch diese sind selten. Ein weiterer Nachteil von Ölen ist, dass sie Flecken in der Bettwäsche hinterlassen, die man nicht so leicht wieder herausbekommt.

Wasserbasierte Gleitmittel:

Wasserbasierte Gleitgels sind hingegen sehr leicht abzuwaschen. Sie lassen sich leicht vom Körper waschen und auch rückstandsfrei aus der Wäsche entfernen. Auch kann man diese sicher mit Kondomen verwenden. Der Nachteil ist jedoch, dass sie schneller eintrocknen und anfangen klebrig zu werden. Das Praktische ist, dass du diese Gleitmittel in jeder Drogerie findest. Da es auch bei wasserbasierten Gleitgels große Unterschiede gibt, lohnt es sich, mehrere auszuprobieren. Lass dich also auch hier nicht von einem Fehlkauf abschrecken.

Silikonbasierte Gleitmittel:

Die dritte Art Gleitmittel sind silikonbasierte. Sie sind weniger natürlich als Öle, haben jedoch den Vorteil, dass sie mit Kondomen funktionieren und eine sehr kleine Menge ausreicht, um wirklich lange gleitfähig zu sein. Dadurch braucht man sich während des Slow Sex keine Gedanken ums „Nachfeuchten" zu machen. Schön ist, dass sie, anders als die wasserbasierten Mittel, niemals klebrig werden. Der Nachteil ist, dass sie nach Gebrauch nicht so schnell und einfach abzuwaschen sind wie die anderen beiden Gleitmittelarten. Selbst nach Gebrauch von Wasser und Seife bleiben sie eine Zeit lang noch am Körper haften.

Weitere „exotische" Gleitmittel:

Solltest du ein besonders neugieriger Sexforscher sein, kannst du auch „exotische" Gleitmittel ausprobieren. Es gibt sogenannte Hybrid-Gleitmittel, die aus Wasser und Silikon bestehen und versuchen, das Beste aus beiden Welten zu vereinen. Außerdem sind einige Pulver-Gleitmittel auf den Markt gekommen, die man mit Wasser versetzt, um auf diese Weise sein eigenes Gleitmittel herzustellen (z.B. J-Lube). Ihr Vorteil ist, dass sie sehr ergiebig und damit preiswert sind.

Wir haben für unsere Kursteilnehmer ein sehr ausführliches Video dazu aufgenommen, das wir nun auch für unsere Leser* freigeschaltet haben.

www.liebelauschen.de/gleitmittel

Das Wesentliche in Kürze

Insgesamt sind Gleitmittel für Slow Sex absolut empfehlenswert, da sie helfen, möglicherweise fehlende Flüssigkeit auszugleichen. Sollte deine Vagina mal weniger oder gar keine Feuchtigkeit produzieren, bedeutet das keinesfalls, dass du etwas falsch machst, sondern es gehört zum Slow Sex dazu, dass du ganz ohne Erregung mit deinem Partner Zeit verbringst. Gleitmittel sind deshalb ein nützliches Mittel zur Unterstützung. Nimm dir Zeit, herauszufinden, welches Gleitmittel zu euch passt: ölbasiert, wasserbasiert oder silikonbasiert. Alle haben ihre Vor- und Nachteile.

Gemeinsam die Slow Sex-See entdecken: die Übungsphasen

Nun kommen wir nach den ganzen Informationen, die dir helfen sollen, passende Hilfsmittel für Slow Sex auszuwählen, zum Kernstück des Lernens zurück: den Übungsphasen des Slow Sex.

Weiter oben hast du bereits gelesen, dass es sich bewährt, Slow Sex langsam zu üben und zu verinnerlichen. Die genannten Phasen helfen dir dabei, Achtsamkeit, Entspannung und Absichtslosigkeit zu üben. Denn auf diese drei Faktoren kommt es an, wenn du dich beim Slow Sex gut fühlen und „genährt" werden möchtest.

Das Aufwärmen hast du dir im Detail schon durchgelesen, im Folgenden bekommst einen Einblick, wie du das Entspannen und Genießen gestalten kannst.

Erfahrungsgemäß solltest du dir für jede Phase jeweils sieben Tage (bzw. Termine), die mindestens eine Stunde dauern, oder mehr nehmen, um die verschiedenen Phasen ausreichend „tief" zu erfahren.

Auch macht es wirklich Sinn, jede dieser Phasen in der vorgegebenen Reihenfolge zu absolvieren und nicht z. B. bei der 2. Phase „Kleine

Wogen" zu beginnen. Wir sagen das mit liebevoller Strenge, weil wir dir eine gute Erfahrung wünschen und erlebt haben, wie groß der Frust sein kann, wenn man sich zu Beginn zu viel vornimmt. Vielleicht denkst du, dass du alles verstanden hast und gedanklich ist das auch so. Der Körper hat jedoch seine eigene Intelligenz und Gewohnheiten und für ihn ist die praktische Übungszeit besonders wichtig.

Jeder Termin, den ihr ausmacht, hat die gleiche Struktur: Aufwärmen, Vereinigen & Entspannen, dann das Ausklingen.

Jedes Mal, wenn ihr euch verabredet, könnt ihr euch auf eine bestimmte Sache fokussieren, die euch für dieses Zusammenkommen besonders wichtig ist. Das ist keine feste Vorgabe, jedoch für den Anfang und das Erlernen durchaus sinnvoll. Wenn du Inspirationen und Ideen zu weiteren Aspekten suchst, findest du Video-Impulse für jede der ersten 21 Slow Sex-Sessions in unserem Onlinekurs.

Wir empfehlen dir, zu den Kapiteln der einzelnen Lernphasen noch einmal zurückzukehren, wenn du mit deinem Partner* in der Praxis der jeweiligen Phase angekommen bist. Wir haben die folgenden drei Kapitel so geschrieben, dass du auch nach einer langen Pause direkt wieder in das Kapitel einsteigen kannst.

Phase I: die stille See

Die erste Übungsphase nennt sich die „stille See". Gerade für diese erste Phase des Übens gilt, dass du auf jeden Fall mindestens sieben Termine dafür reservieren solltest, um diesen Schritt des Lernens auszukosten. Natürlich kannst du jederzeit wieder in die Phase der „stillen See" zurückspringen, wenn die nächste Phase noch nicht gut klappt. Durch die Erfahrungen der Teilnehmer unseres Onlinekurses wissen wir, dass es sehr empfehlenswert ist, sich die erste Phase besonders zu Herzen zu nehmen, um eine gute Basis für Achtsamkeit, Absichtslosigkeit, Entspannung und Präsenz aufzubauen. In dieser Phase wirst du deine ersten guten Erfahrungen mit Slow Sex machen. Die meisten Paare berichten dabei von einer ersten Transformation, von einem „Aha-Moment", der für den Rest deines Lebens anhält.

„Stille See" illustriert das folgende Bild: Was beim Slow Sex geschieht, sieht von außen, also an der Oberfläche betrachtet, ganz ruhig aus. Was sich jedoch unter dieser Oberfläche abspielt, kann sehr lebendig sein. Wenn man dieses Bild auf das Schlafzimmer überträgt, bedeutet das: Ein stiller Beobachter würde sehen, dass du mit deinem Partner* ganz entspannt zusammenliegst. Jeder Muskel in eurem Körper ist entspannt und ihr bewegt euch kaum. Ihr schaut euch in die Augen, streichelt euch ein bisschen und küsst euch. Das ist die sichtbare Oberfläche. Unterhalb der sichtbaren Oberfläche, also in eurer Wahrnehmung, kann sich viel bewegen. Viele Paare berichten, dass sie sehr überrascht sind, dass sie mehr und intensiver empfinden obwohl sie weniger als je zuvor tun. Es ist jedoch auch ok, wenn auch das innere Gefühl wie ein stiller, ruhiger See ist. Auch hier geht es darum absichtslos zu bleiben.

Orgasmus:

In der Phase der stillen See gehört es dazu, dass ihr während des Slow Sex keine Orgasmen habt. Das ist für viele ungewöhnlich und kann für manche eine Herausforderung sein. Mit etwas Übung ist es jedoch erstaunlich einfach. Dieser Verzicht auf gemeinsame Orgasmen dient dazu, dass ihr den Unterschied zwischen konventionellem Sex und Slow Sex wirklich kennenlernt. Du weißt, dass ihr nach der dritten Phase, „die lebendige See", so viele Orgasmen haben könnt, wie ihr wollt, nachdem ihr gelernt habt, auch guten (Slow-)Sex ohne Orgasmus haben zu können. Mit dem temporären Weglassen wird also vor allem die Absichtslosigkeit geübt.

Erregung:

Die Erregung bleibt in dieser Phase zwischen 0 und 2 auf der Erregungsskala. Das heißt, es herrscht eine warme Atmosphäre und ihr seid sexuell etwas angewärmt. Achtet jedoch darauf, dass die Erregung nicht steigt. Steigt die Erregung dennoch, schaut darauf, dass sie ganz langsam wieder abklingt, z.B. durch tiefes Atmen. Das ist eine Empfehlung, damit du nicht doch in die Versuchung kommst, wieder in das alte Fahrwasser des konventionellen Sex zu rutschen, das mit hoher Erregung und dem

Orgasmus als Ziel assoziiert wird. Somit lernt ihr, achtsam und absichtslos sexuell miteinander vereint zu bleiben und damit zufrieden zu sein. Erinnere dich auch, mehr an „Kuscheln plus" als an Sex zu denken, um deine Erwartungen entsprechend dieser Lernphase auszurichten.

Bewegung:

Während der stillen See ist es vorgesehen, dass ihr euch nahezu[12] nicht bewegt, womit insbesondere die Beckenbewegungen gemeint sind. Das hilft euch dabei, auf die kleinen Bewegungsimpulse des Körpers hören zu lernen. Dabei wirst du lernen, zwischen solchen Bewegungen zu unterscheiden, die du bisher aus Gewohnheit immer aktiv gemacht hast (um die Erregung zu steigern) und jenen Bewegungen, die aus deinem Körper heraus von selbst entstehen. Wichtig ist, dass du in dieser Phase weder der einen noch der anderen Bewegungsart nachgeben solltest. Nimm einfach nur wahr, was sich *in* dir bewegt. Zu den Dingen, die sich durch das Nicht-Bewegen verändern, gehört, dass du den Hautkontakt zu deinem Partner* höchstwahrscheinlich viel deutlicher spürst oder dass feine Unterschiede wie die der Körpertemperatur besser wahrgenommen werden können. Es können auch innere Bewegungen sein, die euch möglicherweise für Energien, die in euch fließen, zugänglich werden lassen. Wir selbst waren in dieser Phase besonders neugierig darauf, wie sich die sexuelle Energie in unseren Genitalien anfühlen würde, während wir reglos ineinanderliegen.

Sollte einer von euch oder beide an einen Punkt kommen, an dem ihr euch „langweilt", kann das daran liegen, dass ihr noch nicht gelernt habt, genau hineinzuspüren. Wenn du die Erwartung hast, dass wie beim konventionellen Sex unglaublich viel Action passieren muss, kann es sein, dass du das Gefühl hast, dass gerade überhaupt nichts *passiert*. Wenn du dann jedoch den Fokus auf das ausrichtest, was gerade *tatsächlich passiert*, kann sich ein neues Universum auftun: Die kleinen inneren und äußeren Wahrnehmungen und Bewegungen bringen eine ganz neue

---

12 - Ganz wichtig: Macht daraus keine eiserne Regel. Jede Bewegung ist erlaubt, um es dir, deinem Körper oder deinen Genitalien bequemer zu machen, um noch näher an deinen Partner* heran zu rücken oder deinem Partner* durch eine feine Bewegung zu zeigen, dass du ihn begehrst. Besonders in dieser Phase geht es jedoch um die Erfahrung, überwiegend bewegungslos zu sein.

Erfahrung. Du kannst es dir wie einen Lautstärkeregler vorstellen: Bisher war die Musik laut und es gab viele Umgebungsgeräusche. Jetzt fährst du den Regler herunter und auch die Umgebung wird leise. Plötzlich hörst du viel mehr Feinheiten in der Musik.

In dieser Phase gibt es, wie in jeder anderen, kein Ziel. Auch „es richtig zu machen" ist kein Ziel, welches ihr verfolgen sollt. Achtet immer darauf, dass ihr miteinander verbunden seid. Wenn du merkst, dass du doch wieder eine Absicht haben solltest, dann nimm dies bewusst wahr, sprich es vielleicht auch gegenüber deinem Partner* an und lass anschließend wieder los. Es geht nicht darum, etwas perfekt zu machen, sondern etwas Neues zu lernen.

Erinnere dich immer wieder daran, deinen Körper völlig zu entspannen. Das kannst du während der Begegnung immer wieder überprüfen. Gehe dazu deinen Körper von Kopf bis Fuß durch und stelle dir die Frage, wo in deinem Körper noch ein bisschen mehr Entspannung sein könnte und versuche, auch diese verbleibende Spannung loszulassen.

Halte dir nochmals vor Augen, wie kostbar die Zeit ist, die du und dein Partner* gerade miteinander verbringt. Ja, es gibt während der Lernphase keine ekstatischen Feuerwerke, aber vielleicht erlebst du so viel innige Nähe und Geborgenheit, wie lange nicht mehr.

Denk daran, zu genießen, was da ist, jede Berührung, jedes bisschen Wärme, den Augenkontakt, alles, was du erlebst. Frage dich: Was gibt es jetzt gerade, das ich genießen könnte?

Das Wesentliche in Kürze:

In der Phase „stille See" geht es darum, sich an die absichtslose, präsente Haltung zu gewöhnen, indem du dich auf das Spüren im Hier und Jetzt konzentrierst und Bewegungen und Erregung auf nahezu nichts reduzierst, sowie den Orgasmus von vornherein auslässt. Vielleicht wird es auch ganz neu für dich sein, bei der sexuellen Vereinigung deinen ganzen Körper zu entspannen und nichts tun zu müssen. Herrlich!

Phase II: kleine Wogen

Viele Paare berichten, dass es bereits nach den ersten drei bis vier Slow Sex-Erlebnissen „klick" gemacht hat. Plötzlich war den Paaren klar, worum es beim Slow Sex geht und sie wurden neugierig, wie tief man miteinander auf diese Art und Weise sexuell gehen kann.

Wenn du die erste Phase der Lernens abgeschlossen hast, beginnst du nun mit der zweiten: den kleinen Wogen. Die zweite Phase ist so benannt, damit du dir vorstellen kannst, wie du auf einem See kleine Wellen spürst. Äußerlich ist es immer noch recht ruhig. Es ist zwar nicht mehr ganz so still wie in der ersten Phase, denn es gibt kleine Bewegungen und etwas mehr Dynamik in allen Aspekten von Slow Sex. Doch es gehört zu dieser Phase dazu, dass man bewusst nur kleine Bewegungen - insbesondere des Beckens- zulässt, keine besonders großen.

Orgasmus:

Auch in der zweiten Phase empfehlen wir noch, auf Orgasmen zu verzichten. Das unterstützt erfahrungsgemäß die achtsame und absichtslose Haltung, die du jederzeit mit dem Slow Sex-Test überprüfen kannst. Dein ganzes System wird nach Genuss-Alternativen Ausschau halten, wenn von vornherein der Orgasmus, sowie hohe Erregungslevel, ausgeschlossen sind.

Erregung:

Die Erregung bleibt auch in dieser Phase lediglich zwischen 0 und 4 auf der Erregungsskala. Du kannst also zulassen, dass es ein wenig „wärmer" wird als in Phase 1 „die stille See". Genieße das ruhig, bleibe aber in diesem unteren Erregungsbereich. Es kann spannend sein, in dieser Phase zu experimentieren, was dich und deinen Partner* von 0 auf 4 bringt. Damit lernst du, zu beobachten, wie hoch deine Erregungskurve gerade wirklich ist und was du dafür getan hast, aber auch, was du tun kannst, damit sie im Anschluss wieder sinkt. Dabei lernst du sehr viel darüber, wie du sexuell tickst. Zur Erinnerung: Eine Erregung von 0 ist völlig okay, sie muss sich für Slow Sex auch nicht steigern.

Bewegung:

Was die Bewegung angeht, sind in der Phase der kleinen Wogen leichte, wenige Bewegungen erlaubt. Auch hier werden die Bewegungen nicht aktiv „gemacht". Es ist mehr so, dass du zum Beispiel auf dein Becken lauschst und merkst, dass eine Bewegung entstehen möchte und du diese zulässt. Die Bewegungen kommen also wieder aus dem Körper heraus, nicht aus dem planenden Kopf. Diese Form der Bewegung bringt dich auch in Verbindung mit dir selbst. Diese Bewegungsart begünstigt, dass sich zwischen dir und deinem Partner* harmonischere Bewegungsabläufe ergeben, die nicht choreographiert werden müssen. Es ist ein ganz sanftes Zusammenspiel, das passt, weil es entstehen darf. Dein Partner* merkt mit der Zeit auch, ob die Bewegung intuitiv aus dem Körper kommt oder ob sie „gemacht" wurde, um etwas zu erreichen.

Auch während der kleinen Wogen gibt es kein Ziel. Du merkst, dass du ein Ziel hast, wenn du eine Bewegung machst, um die Erregung zu steigern. Wenn Erregung geschieht, ist das im Slow Sex völlig okay, wenn du sie jedoch provozieren willst, bist du aus dem absichtslosen Sein herausgerutscht.

In dieser Phase gilt auch, dass der Körper vollkommen entspannt sein soll. Du kannst dafür erneut den Körper von Kopf bis Fuß abscannen und prüfen, wo noch ein Muskel angespannt ist. Mit dem Ausatmen kannst du den Körper wieder entspannen und dich ein wenig mehr „fallen lassen".

Wenn du das Gefühl hast, es könnte jetzt spannender sein oder es ist gerade ein wenig langweilig, dann mach dir wieder bewusst, dass du genießt, was gerade präsent ist: die Wärme, der Hautkontakt, die Nähe und was immer du beobachtest.

Es geht nicht darum, das große Feuerwerk zu erleben. Diese Phase ist immer noch zur Bildung des Fundaments für den freien Slow Sex da. Achte also darauf, deine Erwartungen daran anzupassen, dass du noch in der Übungs- und Lernphase bist.

Das Wesentliche in Kürze:

In Phase zwei „kleine Wogen" darfst du wenige, kleine Bewegungen aus deinem Körper heraus entstehen lassen. Auf den gemeinsamen Orgasmus sollte weiterhin verzichtet werden und auch die Erregung sollte nicht über ein Erregungslevel von 4 hinausgehen. Konzentriere dich vielmehr auf das, was du jetzt genießen kannst und entspanne dich vollkommen in die Situation hinein. Denke daran, dass es um das Lauschen geht. Beim Lauschen weißt du nie, wie sich etwas gleich anfühlen wird. Du tust nichts, um etwas zu erreichen, du lauschst lediglich auf die Effekte, die deine Körperimpulse von alleine hervorbringen.

Phase III: die lebendige See

Nun kommst du bereits zur dritten Phase des Slow Sex-Lernens. Wenn du bis hierhin gekommen bist, hast du schon einiges an sexuellem Vertrauen zu deinem Partner* aufgebaut und neue Dimensionen von entspanntem Sex entdeckt. In der Phase „lebendige See" soll mehr Bewegung und Erregung möglich sein als in den ersten zwei Phasen. Diese Phase heißt „lebendige See", weil sich die Dynamik etwas steigern darf- aber nicht muss.

Schau dir nun an, was das im Einzelnen für Orgasmus, Erregung und Bewegung bedeutet.

Orgasmen:

Auch in Phase drei „lebendige See" ist es sehr empfehlenswert, keine Orgasmen zu haben. Denn wenn du jetzt wieder mehr Bewegung und Erregung zulässt, geht es in dieser Phase vor allem darum, mit dieser hohen Dynamik und der Erregung umgehen zu lernen, ohne in das konventionelle Fahrwasser zu driften. Wenn du die letzten zwei Phasen für dich gut gespürt hast, wirst du wahrscheinlich durch diese mindestens 14 Begegnungen gemerkt haben, dass guter Sex nicht unbedingt mit einem Orgasmus gekoppelt sein muss. Es empfiehlt sich, diese Erfahrung in der dritten Phase noch zu vertiefen, auch wenn es ein wenig lebendiger werden darf.

Als wir damals Slow Sex lernten, waren wir sehr streng, was die Orgasmen betrifft und aus eigener Erfahrung können wir sagen, dass es uns sehr gut getan hat. Vor allem half uns diese Klarheit, als wir mit dem „Feuer" spielten und mehr Bewegung und Erregung zuließen. Ab Stufe 5 und 6 auf der Erregungsskala wurde es schnell kritisch und wir merkten immer wieder, dass wir mehrfach kurz den Slow Sex-Rahmen verließen oder am Ende doch frustriert waren, keinen Orgasmus gehabt zu haben. Dann wussten wir, dass wir zu hoch gepokert hatten. Mit mehr Übung wurde es deutlich leichter, auch mit mehr Erregung entspannt zu bleiben.

Erregung:

Wie du sicher schon heraushörst, bedeutet das für die Erregung, dass du dich in dieser Phase zwischen 0 und 6 auf der Erregungsskala zu bewegen lernst. Dabei ist ein Erregungslevel von 6 erfahrungsgemäß bereits eine sehr große Herausforderung, denn je mehr Erregung vorhanden ist, desto eher schaltet sich das gelernte Verhalten, von hier zum Orgasmus kommen zu wollen, ein. Das heißt, in dieser Phase kannst du lernen, wie du auch in hoher Erregung absichtslos bleiben kannst und dennoch zufrieden wärst, wenn ihr mit dem Sex aufhören würdet. Diesen Slow Sex-Test kannst du jederzeit machen. Wenn du merkst, dass du nicht zufrieden wärst, wenn der Sex jetzt aufhören würde, weißt du, dass du aus der Slow Sex-Haltung herausgerutscht bist. Das ist nicht schlimm, aber es ist gut, dass du dir dessen bewusst wirst und vielleicht möchtest du es mit deinem Partner* teilen. Du kannst lernen, wie du von dieser Erregung und Beobachtung in eine absichtslose Haltung zurückfindest und die Erregung wieder sanft unter 6 sinken lassen kannst. Wenn du dich viel bewegt hast, kannst du die Bewegung reduzieren oder eine Pause machen, um die Erregung zu regulieren. Manche Menschen halten die Luft an, das geschieht jedoch häufig mit Anspannung und ist daher eine weniger gute Idee. Erinnere dich daran, dass in dieser Phase auch ein Erregungslevel von 0 völlig in Ordnung ist. Du brauchst für Slow Sex keine Erregung, damit es eine erfüllende und nährende Erfahrung wird.

Bewegung:

In Phase III, „die lebendige See", kannst du wieder mehr Bewegung zulassen. Wobei auch in dieser Phase Bewegung keine Pflicht ist, genau-so wenig wie Orgasmen und Erregung. Du *darfst* dich jetzt also mehr bewegen, *musst* es aber nicht. In der dritten Phase wirst du vielleicht bereits entdeckt haben, dass Erregung und Bewegung nicht zwangsläufig miteinander gekoppelt sind. Manchmal kommt es dir vielleicht vor, als würdest du nichts machen und dein Erregungslevel ist dennoch sehr hoch. Achte auch in dieser Phase darauf, dass der Bewegungsimpuls aus deinem Körper kommt und nicht aus deinem Kopf, um die Erregung zu steigern. Beim Slow Sex werden Bewegungen nie „gemacht", sie entstehen aus deinem Körper heraus, auch in der Free-Flow-Phase, wenn du Slow Sex schon gut verinnerlicht hast.

Auch während der lebendigen See gilt, dass du kein Ziel hast und absichtslos bleibst, während dein Körper völlig entspannt ist. Wenn du merkst, dass du sehr erregt bist und dadurch die Absichtslosigkeit verlierst, hilft es, dich daran zu erinnern, den Körper und vor allem das Becken völlig zu entspannen. Dadurch kommst du wieder leichter in die absichtslose Haltung hinein. Das gilt für Männer und Frauen gleichermaßen. Die Entspannung hilft, weil vor allem im konventionellen Sex Anspannung häufig genutzt wird, um zum Orgasmus zu kommen. Daher ist es besonders in Phase drei sehr wichtig, immer wieder in den Körper zu lauschen, wo er angespannt ist und diese Spannung dann gezielt loszulassen. Ist die Erregung am oberen Limit, ist dies eine einfache und wirksame Strategie, „den Knopf für maximale Entspannung" zu drücken. Das ist sozusagen eine Notbremse bei zu hoher Erregung.

Auch in dieser Phase gilt, dass du alles genießt, was da ist und nicht auf mehr Erregung und einen Orgasmus hoffst. Damit bleibst du präsent und offen für den Moment.

Das Wesentliche in Kürze:

In Phase drei „lebendige See" darfst du dich wieder mehr bewegen und die Erregung darf höher werden. Orgasmen werden noch nicht eingebaut, um zu lernen, auch in höherer Erregung absichtslos zu bleiben. Dabei hilft es, sich zu erinnern, den ganzen Körper entspannt zu halten.

Umgang mit dem Orgasmus

Du hast in den letzten Kapiteln
gelesen, dass es empfehlenswert
ist, während des Lernens auf
Orgasmen mit deinem Partner*
zu verzichten, um ein solides
Slow Sex-Fundament in dir selbst
und tiefes, sexuelles Vertrauen
zu deinem Partner* aufzubauen.
Deshalb kommt während dieser
Zeit oft die Frage auf, wie man
als Lernender mit dem Orgasmus
umgehen kann. In diesem Unter-
kapitel geht es genau darum.

Zunächst einmal ist es wichtig, den Druck zu nehmen, dass gelungener
Sex immer mit einem Orgasmus enden muss. Viele Menschen haben
gelernt, dass der Orgasmus der Grund für Sex ist. Dadurch entstehen
beim Sex unglaublich viel Druck und Anspannung.

Eine der Absichten des Slow Sex ist, diesen Druck zu vermeiden. Für
Slow Sex hilft die innere Einstellung, den Orgasmus als Möglichkeit zu
verstehen und nicht als Pflichtprogramm. Dabei wird das Erreichen des
Orgasmus zu keinem Zeitpunkt beabsichtigt. Du konzentrierst dich auf
den Genuss, der aus der Situation heraus entsteht. Du lässt zu, dass
Erregung und sexuelles Vergnügen einfach entstehen und nicht absichtlich herbeigeführt werden. Nachdem du Slow Sex gründlich gelernt hast,
brauchst du den Orgasmus nicht mehr zu vermeiden, doch der Fokus ist
nicht auf ihn ausgerichtet. Der Fokus ist auf das gerichtet, was in dem
Moment mit dir und deinem Partner* geschieht. Du fokussierst dich
beim Slow Sex auf den Weg, nicht auf das „Ziel". Man genießt also das,
was *ist* und jagt nicht einem Ziel nach.

Wie soll das bloß gehen: den Orgasmus nicht erreichen wollen aber gleichzeitig auch nicht vermeiden? Das klingt herausfordernd, ist aber machbar.

Vielleicht weißt du, dass ein Orgasmus manchmal viel „Arbeit" bedeutet. Du erlebst vielleicht aber auch, dass ein Orgasmus manchmal wenig „Arbeit" bedeutet. Im Slow Sex bist du durchgehend ganz und gar in einem „Null-Arbeit"-Entspannungsmodus. Hierbei kann sich der Körper - tagesformabhängig- durch Bewegung und Atmung, sowie den Fluss von sexueller Energie, ganz von selbst mit Erregung „aufladen". Daher ergibt sich der Orgasmus während des Slow Sex auf andere Art und Weise und er fühlt sich anders an, als du das aus dem konventionellen Sex gewohnt bist.

Unterschiedliche Orgasmus-Möglichkeiten

Doch es gibt noch mehr Unterschiede. Daher erfährst du hier etwas über zusätzliche Arten des Orgasmus, wie den Ganzkörperorgasmus und den im Tantra als „Tal-Orgasmus" oder auch „Valley-Orgasmus" („valley" = englisch für „Tal") bezeichneten Orgasmus.

Die meisten Menschen kennen den „Peak-Orgasmus", der durch immer mehr Erregung, die irgendwann ihre Spitze erreicht, ausgelöst wird („peak" = englisch für „Spitze"). Der Peak-Orgasmus kann entweder durch viel Anspannung erreicht werden oder durch Entspannung.

Der Peak-Orgasmus durch Anspannung

Im konventionellen Sex erreicht man durch die Anspannung der Muskeln, dass sich die sexuelle Energie bündelt und schneller ansteigt. Außerdem wird durch das Anspannen der Muskeln die Wahrscheinlichkeit für einen schnelleren Orgasmus erhöht. Dadurch empfinden die meisten Menschen diesen von Anspannung geprägten Orgasmus jedoch eher punktuell, kurz und spitz. Nach dem Orgasmus fühlen sich viele leer, matt, müde und ausgelaugt.

Hingabe an die Lust: Peak-Orgasmus während der Entspannung (Ganzkörperorgasmus)

Dadurch, dass im Slow Sex der Fokus auf Entspannung gelegt wird, wirst du merken, dass sich die Erregung und die sexuelle Energie im ganzen Körper verteilen. So kann ein Orgasmus entstehen, der nicht punktuell, im Becken, sondern im ganzen Körper erlebt wird und länger dauert. Er wird auch als Ganzkörperorgasmus bezeichnet. Dieser Orgasmus wird oft als sehr nährend erlebt und man fühlt sich danach erfrischter, als nach einem Orgasmus, der mit Hilfe von Anspannung erreicht wurde. Wer sich beim Sex anspannt, um zum Orgasmus zu kommen, behält die Kontrolle und erfährt nur einen kurzen Augenblick der Hingabe im Moment des Orgasmus. Wer sich hingegen ganz entspannt, erlebt eine Hingabe an die Lust, an den Atem, an den Körper und an den Orgasmus. Der Haken dabei ist: Man kann den Orgasmus durch Entspannung nicht sicherstellen, sondern sich lediglich dafür öffnen. Wenn er passiert, nimmt er dich und deinen ganzen Körper mit wie eine Welle, die das Surfbrett den langen Weg bis ans Ufer schwemmt. Wenn du dich anspannst, wirft die Welle das Surfbrett nur kurz in die Höhe, während sie unter dem Surfbrett weiterrollt, das dann aus der Höhe einfach wieder nach unten fällt.

Eine ganze andere Art des Orgasmus: der Tal-Orgasmus

Der Tal-Orgamus dagegen entsteht nicht durch immer mehr Erregung, sondern durch Entspannung und den sanften Fluss sexueller Energie. Er trägt uns noch tiefer in die Entspannung, als unser Ausgangsniveau war. Diesen Orgasmus erleben einige Menschen manchmal beim Slow Sex. Dieser Orgasmus hört auch nicht auf oder flacht ab, wie der Peak-Orgasmus. Diese Art von Orgasmus ist eher ein Zustand, der sich ausdehnt und der mit einer tiefen Entspannung einhergeht, die nirgendwo speziell im Körper angesiedelt ist, sondern den ganzen Körper einschließt. Er wird daher auch als stille Ekstase beschrieben. Diesen erreichst du durch „Nicht-Stimulation" und Entspannung aller Muskeln, vor allem aber der Muskeln im Becken. Um beim Bild des Surfbretts zu bleiben: Es fühlt sich vielleicht so an, als ob sanft eine tiefe Delle im Meer entsteht, wo das Surfbrett liegt. Es sinkt immer tiefer Richtung Meeresgrund, ohne diesen je zu erreichen, während die Delle im Meer sich immer weiter ausweitet. Wir erleben diese Art des Orgasmus besonders dann, wenn wir beim Slow Sex von einem höheren Erregungsniveau hinabsinken und wieder stiller oder ganz still miteinander werden. Auch wir können keinen dieser Orgasmen „machen". Er wird uns geschenkt oder auch nicht, das wissen wir vorher nie- so ist das mit dem Slow Sex.

Wann beendet man Slow Sex?

Die Frage zum Umgang mit dem Orgasmus führt oft zu einer anderen Frage: Dadurch, dass viele es gewohnt sind, den Orgasmus als Ziel und damit als Endpunkt der sexuellen Begegnung zu sehen, ist unklar, wann der Slow Sex aufhört. Beim Slow Sex gibt es keinen natürlichen oder optimalen Zeitpunkt, ihn zu beenden. Wir sagen im Scherz immer: „Slow Sex hört auf, wenn einer von uns Hunger bekommt." Dann können du und dein Partner* auch genital langsam und achtsam auseinandergehen und der Zeitpunkt des Nachspürens ist da. Das heißt, du schaust, wie es dir nach der Ver-einigung geht. Die meisten Menschen fühlen sich nach einer Slow Sex-Be-gegnung noch sexuell getragener, verbundener und lebendiger als nach einem spitzen Orgasmus. Sollte das anfangs noch nicht der Fall sein, mach dir keine Gedanken, sondern spüre, wenn du das nächste Mal in einer Slow Sex-Begegnung bist, noch genauer in dich und in die Situation hinein.

Die Orgasmus-Wirkung erforschen

Die bekannte Slow Sex-Lehrerin Diana Richardson fordert in ihrer Lehre immer wieder auf, das „Danach" zu untersuchen. Sie sagt: „Lass dein Danach dein Lehrer sein."

So wollen auch wir dazu einladen und dich anregen, deine Erfahrung vom „Danach" zu erforschen, um zu sehen, was dir gut tut, je nachdem welche Art von Sex du hattest. Wir sind in keinster Weise gegen Orgasmen und genießen sie selbst immer mal wieder. Gleichzeitig lohnt es sich sehr, sich deren Wirkung bewusst zu machen.

William Lloyd beschreibt in seinem Buch Karezza-Praxis in bildhafter Sprache die Wirkung des Peak-Orgasmus und vergleicht ihn mit dem Erleben nach dem Slow Sex:

Wie ist es dagegen nach einem orgasmus? Es wird allgemein festgestellt, daß das erste angenehme gefühl einer befreiung und entspannung sehr bald gefolgt wird von dem empfinden, man hätte einen verlust erlitten, sei geschwächt: ein herrliches traumbild ist jäh verschwunden, und rings starrt nüchternheit. Gewiß, ein augenblick der lust war da, doch zu kurz, wie ein epileptischer krampf; daher vermochte er keinen bewußten eindruck zu machen, brauste vorbei, ohne erinnerung zu hinterlassen. Die lichter sind jäh ausgegangen, die musik ist abgerissen. Die nachfolgende schwäche ist bisweilen so ernsthaft, daß sie blässe, schwindelgefühl, verzagtheit, verdauungsstörung, reizbarkeit, schamgefühl, widerwillen oder andere krankhafte und unschöne wirkungen zeitigt. Dies ist besonders beim manne der fall, verschont aber oft genug auch die frau nicht. Zum mindesten finden sich mattigkeit, plötzliche gleichgültigkeit, schlafbedürfnis in den meisten fällen. Ein nasses tuch ist, für längere zeit wenigstens, auf die glut der liebe gefallen. Die schönheit weint leise.

Ganz anders klingt Karezza [Slow Sex] aus. Die liebenden trennen sich ganz allmählich, mit süßem widerstreben, verweilen immer wieder, küssen sich, schmiegen sich aneinander, streicheln sich, glühend vor zuneigung und bewunderung, immer von neuem im glücksschauet seliger erinnerungen, von denen sie fühlen, daß sie nie erlöschen werden. Es scheint, als ob in der umarmung, die zum orgasmus führt, die lebenskraft mit solcher plötzlichkeit und in solcher menge ausgepufft wird, daß es dem andern teil unmöglich ist, viel von ihr aufzunehmen und sich zu eigen zu machen. Das meiste geht verloren. Aus diesen gründen ist der orgasmische geschlechtsakt in keiner weise geeignet, den sinn einer liebesumarmung zu erfüllen. Die natur hat dies geschehen in all seiner plumpen tierhaften form nur für kinderzeugung vorgesehen. Der ganze ablauf ist so berechnet, daß er weitere liebe hemmt, abwehrt, an ihre stelle gleichgültigkeit oder ablehnung setzt. So will es der sinn der schwangerschaft. Je häufiger daher geschlechtsverkehr mit orgasmus, desto sicherer stirbt die liebe, verfliegt der schöne traum, und bloße sexualität, abstumpfender geschlechtsverkehr oder ekel gähnen, wo einst, in seligen tagen, die liebe blühte.

Karezza [Slow Sex] dagegen macht die zeit der ehe noch köstlicher als die zeit der werbung, noch mehr von schönheit gesättigt, erhält die lächelnden tage junger liebe das ganze leben hindurch. Reiz und magnetische kraft füreinander wachsen, immer mehr beglückt die nähe des andern, und liebkosung wird zu süßer gewohnheit. Nichts ebnet wahrer liebe so sehr den weg wie Karezza.

Ein orgasmus wird nicht immer, doch recht häufig gefolgt von einem zustand der erschöpfung, während Karezza [Slow Sex], falls nicht im unmaß wiederholt oder von einem paar geübt, das nicht innerlich zusammengehört, solche wirkungen nicht kennt. Der orgasmus bringt entmagnetisierung, gleichgültigkeit, reizbarkeit, ekel und ein verlangen *nach reizgiften, während Karezza [Slow Sex] das ganze wesen mit zärtlicher liebe durchstrahlt.*

Dies wird allgemein so erlebt und beweist zur genüge, welch gesundheitlich wohltuenden einfluß dieser liebesaustausch haben muß. Er schenkt den zeugungsorganen glut und lebenskraft, dem geiste inspiration, ist daher der beste heiler geschlechtlicher schwächen und leiden wie weißfluß, verlagerungen, vorfälle, blasenleiden, einfache harnröhrenentzündung, prostatitis usw. Ich sage das aus erfahrung. In fällen schmerzhafter menstruation und prostatitis habe ich Karezza [Slow Sex] wunder wirken sehen.

Ich betone aber nochmal: voraussetzung ist, daß die beiden sich wirklich lieben und daß sie ihre körper achten und niemals bewußt mißbrauchen wollen! Als bloßes sexualexperiment wird Karezza [Slow Sex] wenig wert oder befriedigung bieten. Sie kann vollkommen oder armselig sein, genau im verhältnis der herzensliebe, die sie trägt. Zum mindesten verlangt sie güte, zärtlichkeit, ritterlichkeit des mannes, beglückte bereitschaft und entspannung der frau. Je mehr poesie und verliebtheit, desto besser. Der grobe, rücksichtslose, lustgierige soll ihr fernbleiben - sie ist nicht für ihn.

Interessant ist, zu bemerken, dass auch neue wissenschaftliche Studien von einem post-orgastischen „Kater" berichten, der 14 Tage anhält. Im Werk „Das Gift an Armors Pfeil" begibt sich die Autorin Marina Robinson auf die Forschungsreise, herauszufinden, warum ihre sexuellen Beziehungen immer die selben Muster aufweisen und dann schmerzhaft auseinander gehen. Dabei durchforstet sie hunderte wissenschaftliche Studien, von denen sie viele in ihrem Buch nennt und zitiert, die beweisen, dass der „normale" Orgasmus unliebsame Wirkungen nach sich ziehen kann.

Aufgezählt werden Reizbarkeit und Stimmungsschwankungen bis hin zu depressiven Verstimmungen. Zusätzlich wird oft von einem Gefühl der Trennung zwischen den Partnern berichtet. Am Ende empfiehlt die Autorin eine Form der Karezza, bei dem auf den Orgasmus ganz oder zumindest überwiegend verzichtet wird.

> **Man nimmt für Slow Sex nicht einmal die Idee von einem Orgasmus mit ins Schlafzimmer.**

Wir haben bei uns beobachten dürfen, dass die Art und Weise, wie ein Orgasmus entsteht, unterschiedliche Wirkungen nach sich zieht. So empfinden wir, dass Orgasmen, die in vollkommener körperlicher Entspannung geschehen und bei denen die sexuelle Energie eine Stunde oder mehr Zeit hatte, sich zu entwickeln und zu verteilen, deutlich weniger oder gar keine unliebsamen Konsequenzen haben. Stattdessen können diese oft sogar einen tief nährenden und verbindenden Effekt haben.

Das Wesentliche in Kürze:

Orgasmen werden nach der Lernphase nicht mehr vermieden, sie werden jedoch auch nicht aktiv angesteuert, sie ergeben sich einfach oder auch nicht. Dadurch, dass Slow Sex in entspanntem Muskeltonus stattfindet, ergeben sich Orgasmen auf eine andere Art und Weise als beim konventionellen Sex. Deshalb fühlen sie sich meist auch völlig anders an, sind häufig weniger genital und spitz, eher ausgedehnt im ganzen Körper oder führen dich noch tiefer in das Tal der Entspannung hinein. Nach einem derart langen Kapitel über den Orgasmus wollen wir am Ende noch einmal klar herausstellen, dass beim Slow Sex der Orgasmus kein Ziel ist. Man nimmt für Slow Sex nicht einmal die Idee von einem Orgasmus mit ins Schlafzimmer.

Typische Stolpersteine
und
häufige Probleme

Typische Stolpersteine auf dem Weg

Du hast jetzt bereits alles gelesen, was Slow Sex ausmacht, wie er funktioniert, wie du ihn lernen kannst und was du dabei beachten solltest. Doch manchmal klappt nicht alles gleich ganz reibungslos, das haben wir selbst erfahren und auch wir haben viele Fehler gemacht. Aus diesen Fehlern haben wir viel gelernt, weshalb du dich jetzt mit den am häufigsten auftretenden Stolpersteinen vertraut machen kannst, damit du sie möglicherweise vermeiden oder zumindest leicht erkennen kannst. Es ist völlig normal, das eine oder andere Mal zu stolpern, das gehört zum Lernen dazu. Es ist gut, wenn ihr einander versichert, dass Stolpern ok ist und es nicht darum geht, sich gegenseitig die Schuld zuzuschieben. Nehmt einfach wahr, dass ihr gestolpert seid und macht euch wieder auf den Weg.

Unklarheit darüber, welchen Sex man gemeinsam haben möchte

Ganz am Anfang des Buchs hast du darüber gelesen, dass es wichtig ist, zu wissen, welche Bedürfnisse man mit dem Sex befriedigen möchte, den man gerade hat. Das ist vor allem dann wichtig, wenn du entscheiden sollst, welche Form von Sex du dir gerade wünschst. Damit du dann auch das erlebst, was du gerade möchtest, führt kein Weg daran vorbei, dich mit deinem Partner* darüber auszutauschen. Der eine möchte vielleicht gerade konventionellen Sex, der andere Slow Sex. Das passt jedoch nicht zusammen, weswegen Paare dann manchmal aneinander geraten. Es lohnt sich also, vor dem Sex mit dem anderen zu sprechen, was man jetzt erleben möchte. Gerade deshalb ist es am Anfang sinnvoll, Slow Sex als Standard-Sex zu vereinbaren, damit man nicht jedes Mal darüber reden muss, was für eine Art von Sex praktiziert werden soll. Nach der Lernphase könnt ihr euch dann überlegen, was für euch passt und wie ihr euch darauf verständigt, welchen Sex ihr jeweils haben möchtet. Wir haben uns verschiedene lustige Namen für den Sex überlegt, auf den wir gerade Lust haben. Wir sagen dann beispielsweise: „Wollen wir die kleinen Wogen machen?" oder „Ich hab Lust auf "Bett-Kung-Fu", was so viel heißt wie wildes sexuelles Herummachen.

Die Erwartung, dass Slow Sex besonders lustvoll wird

Gerade am Anfang kommt es häufig vor, dass sich Menschen auch beim Slow Sex auf ein lustvolles Erlebnis einstellen, weil konventioneller Sex auf Lust ausgerichtet ist. Du kannst dir sicher gut vorstellen, dass auch du eher frustriert wärst, wenn du keine Lust erlebst, obwohl du sie erwartet hast. Dadurch entsteht schnell das Gefühl, keinen guten Sex gehabt zu haben. Wenn du also Lust erwartest, wirst du vermutlich enttäuscht werden und bist nicht wirklich in Slow Sex-Stimmung. Slow Sex funktioniert besser, wenn du deine Erwartungen überprüfst und anpasst. Unser Tipp hier: Stelle dich auf Nähe und Hautkontakt ein, wenn du an Slow Sex denkst.

Einer von beiden schaltet während des Slow Sex auf konventionellen Sex um

In der Lernphase kann es passieren, dass du oder dein Partner* während des Slow Sex auf einmal die Richtung wechselt und in den konventionellen Sex umschaltet. Das liegt daran, dass man noch nicht gelernt hat, wie man auf einem niedrigen Level der Erregung bleibt oder weil man denkt, dass jetzt noch etwas „geschehen" muss. Das ist kein Beinbruch. Es hilft, wenn du dich mit deinem Partner* darüber verständigst und ihr wieder ganz entspannt in den Slow Sex-Modus übergeht.

Wenn man doch einen Orgasmus haben möchte

Es kann immer vorkommen, dass man aus dem Slow Sex-Modus gerät, wenn die Erregung höher wird und man sich somit auf der Erregungsskala weiter oben befindet. Konkret bedeutet das, dass man in höherer Erregung irgendwann an einen Punkt kommen kann, an dem man doch einen Orgasmus haben möchte und sehr unzufrieden wäre, wenn das nicht geschieht. Dadurch ist man dann aber nicht mehr im Slow Sex-Modus. Das anzusprechen und zu überlegen, wie ihr gemeinsam damit umgehen wollt, hilft euch, eine zufriedenstellende Lösung für die Situation zu finden. Unser Tipp gegen zu hohe Erregung: Entspanne dich noch mehr- jeden einzelnen Muskel im Körper.

Wenn man versucht, immer an der oberen Erregungsschwelle zu sein

Gerade, wenn du noch nicht so geübt darin bist, Sex mit wenig Erregung zu haben, kann es passieren, dass du immer mal wieder versuchst, die Erregungsskala voll auszunutzen. Das heißt, dass du in der ersten Lernphase immer bei 2, in der zweiten Lernphase immer bei 4 und in der dritten Lernphase immer bei 6 zu sein versuchst, beziehungsweise nach der Lernphase immer versuchst, möglichst erregt zu sein. Dieses Phänomen hat sogar einen Namen: Edging. Mit dieser hohen Erregung geht jedoch einher, dass du dich in diesen Momenten zu sehr um die Erregung kümmerst und weniger um das Erleben im Hier und Jetzt. Dadurch bist du nicht länger im Slow Sex-Modus, da du nicht mehr richtig präsent und absichtslos bist. Konzentriere dich dann darauf, was du in diesem Moment spürst und was du gerade genießen kannst. Mache einen inneren Schritt Richtung mehr Entspannung, das hilft dir, wieder in den Slow Sex-Modus zu kommen.

Man möchte dem Anderen gefallen

Deinem Partner* beim Slow Sex gefallen zu wollen, bringt dich aus der Präsenz heraus und in ein Muster hinein, das mit Slow Sex nichts mehr zu tun hat. Denn beim Gefallenwollen achtest du nicht mehr darauf, was aus dir selbst herauskommt, sondern du möchtest absichtsvoll etwas tun, das dem anderen gefällt. Das heißt, du versuchst den Erwartungen deines Partners* zu entsprechen. Dies führt dich jedoch weg von deinem eigenen Erleben im jeweiligen Moment. Unser Tipp: Teile deinem Partner* mit, was du vermutest, das er bzw. sie erwartet, um beim Sex eine gute Zeit zu haben. Dadurch können oft falsche Erwartungsprojektionen aufgelöst werden.

Man möchte den Anderen befriedigen

Auch wenn du merkst, dass du deinen Partner* befriedigen möchtest, fällst du aus dem Slow Sex-Modus heraus. Denn wenn du deinen Partner* befriedigen möchtest, wirst du aller Wahrscheinlichkeit nach auf etwas

Altbewährtes zurückgreifen. Wenn du etwas Altbewährtes einsetzt, bist du mit hoher Wahrscheinlichkeit nicht mehr präsent im Moment und schon gar nicht mehr in einem entspannten Sein, sondern im Tun und Erfüllen. Sobald du das bemerkst, fokussiere dich wieder auf das, was du wahrnimmst und wie sich dein Körper anfühlt, um wieder in den entspannten Modus zurück zu kommen.

Man benutzt Fantasien, um sich anzuheizen

Gegen Fantasien ist an und für sich nichts einzuwenden, doch sie gehören nicht zum Slow Sex. Denn wenn du Fantasien benutzt, um dich anzuheizen, bist du nicht mehr *bei* deinem Partner* und präsent in der Situation. Fantasien verdrängen die Wahrnehmung und das Empfinden der jeweiligen Situation aus dem Fokus. Wenn du bemerkst, dass du in deine Fantasie abdriftest, konzentiere dich auf deinen Atem oder auf das, was du im Moment wirklich wahrnimmst. Das hilft dir, wieder zurück in den Slow Sex-Modus zu finden.

Man spannt sich immer wieder an

Bei vielen kommt Anspannung von alten Gewohnheiten. Sie dient dazu, den Körper in höhere Erregung zu versetzen. Bist du jedoch angespannt, bist du meist nicht sonderlich empfänglich für das, was in der Situation tatsächlich geschieht. Dazu ist das Entspannen der Muskeln sehr wichtig. Diese Entspannung hält dich präsent im Hier und Jetzt. Anspannung kann sich auch nach und nach einschleichen, obwohl du am Anfang ganz entspannt warst, z.B. wenn sich die Lust erhöht oder auch wenn deine Stellung nach einer Weile nicht mehr bequem ist. Du kannst zwischendurch immer wieder überprüfen, ob du so viele Muskeln wie möglich entspannst.

Wie kannst du mit Stolpersteinen umgehen?

Wie du siehst, gibt es auf dem Weg zum entspannten Slow Sex einige Stolpersteine. Davon brauchst du dich jedoch nicht entmutigen zu lassen, denn lernen beinhaltet immer auch Stolpersteine und manchen Irrweg, bis du dann zufrieden deine neu erworbenen Fähigkeiten genießen kannst. Indem wir unsere eigenen Fehler und Erfahrungen mit euch teilen, hoffen wir, euch eine kleine Abkürzung zu ermöglichen.

Zunächst ist es gut zu wissen, dass es unterschiedliche Arten zu stolpern gibt. Wenn du das weißt, wirst du diese leichter erkennen und die Situation verändern können. Bei der einen Art zu stolpern merkt man es in der Regel selbst. Das ist zum Beispiel der Fall, wenn man in sexuelle Fantasien abdriftet oder entdeckt, dass man innerlich Erwartungen formuliert hat. Bei der anderen Art zu stolpern tust du etwas und merkst anschließend, dass es beim anderen nicht gut ankam. Zum Beispiel, wenn du deinen Partner* berührst und er daraufhin zurückzuckt, weil die Berührung für ihn auf irgendeine Art unangenehm war.

Dein eigenes Stolpern bemerken

Wenn du, wie im ersten Fall, selbst merkst, dass du stolperst, kann es dir und deinem Partner* helfen, wenn du deinem Partner* umgehend mitteilst, was dir aufgefallen ist. Beispielsweise: „Ich habe gerade gemerkt, dass ich mir durch die große Erregung einen Orgasmus gewünscht habe." Dein Partner* hört dabei möglichst nur zu. Genauso reagierst du, wenn dein Partner* stolpert und es dir mitteilt. Denn wenn du dabei bist etwas zu lernen, ist es ganz natürlich, dass du in Situationen gerätst, in denen dir etwas nicht gelingt. Dies zu bemerken und zu reflektieren, wie es zu diesem Stolpern kam und was daraus resultiert, ist auch für den anderen spannend. Wenn du dein Stolpern und dessen Umstände deinem Partner* berichtest, ohne es als „schlimmen Fehler" zu deklarieren, kann das für euch beide eine interessante Lernerfahrung sein. Somit kann der Fehler beim nächsten Mal vermieden werden. Außerdem erzeugt das Austauschen darüber zusätzlich Nähe zwischen euch, da ihr euch einander öffnet.

Das Stolpern deines Partners* bemerken

Bei der zweiten Variante des Stolperns merkt der andere, dass etwas für ihn nicht gepasst hat. Diese Situation ist meistens für beide nicht ganz einfach, da sich der „Verursacher*" falsch und derjenige, der zurückgezuckt ist, nicht gut behandelt fühlen. Diese Momente kannst du gut „auffangen" und im Nachhinein verbessern. Wir haben dazu ein Werkzeug entwickelt, das wir „Zurückspulen" nennen. Es funktioniert folgendermaßen: Wenn du merkst, dass dein Partner* unerwartet reagiert, kann einer von euch beiden vorschlagen, „nochmal zurückzuspulen". Dann geht ihr an die Körperstelle, ans Streicheln oder in die Position zurück, als es für euch beide noch schön war. Diesmal könnt ihr eine andere Art der Berührung ausprobieren, die euch beiden gefällt. Manchmal sind dafür mehrere Anläufe nötig, bis man die passende Fortsetzung findet. Das ist erlaubt und ihr bekommt die Chance, euch besser kennenzulernen. Dadurch kommt ihr euch auch wieder ein Stück näher.

Es kann sein, dass das „Zurückspulen" nicht das passende Werkzeug für dich und deinen Partner* ist. Dann verständigt euch darüber, wie ihr mit „Fehlern" umgehen wollt und wie ihr am besten daraus lernen könnt. Vielleicht braucht ihr auch eine Methode, die euch erlaubt, Zeit zwischen dem Erlebten und Reflektieren zu nehmen. Findet die passende Variante für euch, denn es ist wichtig, über diese Fehler zu sprechen, damit das Vertrauen ineinander stabil bleibt und noch weiter wachsen kann.

Wichtig ist: Jede Art von Stolpern trägt dazu bei, dass du lernst und nur dadurch kannst du eine neue Fähigkeit erwerben. Stolpern und Fehler zu machen ist nicht schlimm, sondern Teil der Lernens.

Die schönste Art, mit Stolpern umzugehen, ist Humor. Einigt euch darauf, viel zu lachen, wenn etwas schief läuft.

Das Wesentliche in Kürze:

Auf dem Weg, Slow Sex zu lernen, gibt es einige Stolpersteine. Wir haben zwei Arten von Stolpern hervorgehoben: die eine, wenn du selbst nicht mehr präsent bist, oder die andere, wenn zwischen dir und deinem Partner in der Situation etwas schief gelaufen ist. Beides ist völlig normal. Wichtig ist, dass ihr ganz wertfrei darüber redet und euch darüber verständigt, wie ihr mit solchen Situationen umgeht, damit sie euch nicht auseinander bringen. Darüber zu sprechen bringt euch näher zueinander und hilft euch, gemeinsam Lösungen zu finden und voneinander zu lernen.

Häufige Probleme bei der Slow Sex-Praxis

Du hast bereits gelesen, dass es auf dem Slow Sex-Lernweg Stolpersteine gibt und wie du mit ihnen umgehen kannst. Diese Stolpersteine lassen dich aus der Slow Sex-Haltung fallen und verführen dich dazu, dich wieder in konventionellen Bahnen zu bewegen. Neben diesen Stolpersteinen gibt es auch andere Probleme, die nicht direkt mit den vorherigen zu tun haben. Diese erreichen uns in unseren Coachings und im Onlinekurs immer wieder als Fragen.

Um dir den besten Start ins Slow Sex-Lernen zu ermöglichen, bekommst du zu den am häufigsten erwähnten Problemen unsere Anregungen, wie sie gelöst werden können.

Wir finden keine Zeit für Slow Sex

Viele Menschen beschreiben, dass sie keine Zeit für Slow Sex finden. Das ist sehr verständlich. Dieses Problem ist bei den meisten Paaren in langen Beziehungen vorhanden, denn alle haben viele verschiedene Aufgaben und Verpflichtungen im Leben. Wenn die Hormone nicht mehr „auf Frühling" eingestellt sind, ergibt sich Sex meist nicht von alleine.

Mein Mann und ich machen 6 mal die Woche Liebe.
Wir haben es an ein junges Paar in Südostasien deligiert

Erfahrungsgemäß ist es wichtig, dass du dir ganz bewusst Auszeiten vom Alltag nimmst, in denen du in das Gefühl von Nähe und Entspannung einsinken kannst. Dadurch, dass Slow Sex kein Ziel, wie zum Beispiel den Orgasmus, hat, sondern eine Form der „Nähezeit" ist, ist es umso wichtiger, dass ihr euch aktiv darum kümmert, diese Zeit zu finden bzw. entsprechende Zeitfenster zu schaffen.

Hinter der Zeitfrage steht außerdem oft die größere Frage nach Prioritäten: Was ist dir wichtig im Leben?

Es geschieht ganz schnell und fast automatisch, dass Alltagsdinge im Vordergrund stehen und total wichtig erscheinen. Eins nach dem anderen muss erledigt werden. Am Ende des Tages sinkt man erschöpft ins Bett. Doch in diesem Alltag aus Erledigungen geraten große und wichtige Dinge, wie beispielsweise Zeit für Nähe, in den Hintergrund, weil sie keine große Dringlichkeit haben. Schließlich scheint dieses Bedürfnis nicht wegzulaufen oder einen Stichtag zu haben. Auf Dauer ist das jedoch nicht richtig. Wenn man darauf achtet, was einem generell im Leben wichtig ist, steht bei vielen Menschen Partnerschaft und eine erfüllte Sexualität ziemlich weit oben auf der Prioritätenliste. Pflegt man diese Prioritäten nicht, fühlen sich viele Menschen betrübt, unzufrieden und nicht erfüllt. Daher hilft es, sich immer mal wieder in Erinnerung zu rufen, dass Nähe und Partnerschaft für einen wichtig sind. Wenn du dich mit deinem Partner* darüber austauschst und ihr euch Gedanken macht, was ihr dafür tun könnt, dass ihr diese Priorität pflegt, schafft ihr auch Zeit für Slow Sex.

Für die zeitliche Gestaltung und Planung lohnt es sich, herauszufinden, was zu euch passt. Denn auch hier gibt es keinen richtigen oder falschen Weg. Manchen Paaren hilft es, sich einen festen Termin pro Woche für Zweisamkeit einzurichten. Andere Paare machen dafür lediglich einen Realitätscheck und stellen fest, dass sie für alles mögliche Zeit finden, also auch für Slow Sex. Dadurch fällt es ihnen wesentlich leichter, Slow Sex in ihren Alltag zu integrieren.

Erfahrungsgemäß ist es zudem sehr wichtig, dass sich beide Partner* zu 100% dafür verantwortlich fühlen, dass Slow Sex stattfindet. Andernfalls wird der Schwarze Peter immer hin und her geschoben, nach dem

Motto: „Hättest du mal was gesagt." Es sollte euch beiden wichtig sein, sodass ihr sagt: „Ich möchte Slow Sex in unser Leben bringen, also sorge ich dafür." So kann eine Begegnung viel leichter zustande kommen, als wenn ihr euch die Verantwortung gegenseitig zuschiebt.

Wenn du also mit deinem Partner* keine Termine für Slow Sex findest, schaut mal auf einer Skala von 0 bis 10 (wobei 0 unwichtig und 10 essenziell wichtig bedeutet), wie wichtig euch eine erfüllte Partnerschaft und Sexualität sind. Mit diesem Gedanken fällt es vielen Menschen leichter, ihren Zeitplan daraufhin neu zu organisieren. Du wirst sicherlich selbst schon festgestellt haben, dass eure Beziehung immer oberflächlicher wird, wenn ihr euch nie Zeit füreinander nehmt. Das bedeutet auf Dauer das Ende der Beziehung.

Das Wesentliche in Kürze:

Wenn ihr scheinbar keine Zeit für Slow Sex findet, prüft, wo eure Prioritäten liegen. Macht euch nochmal klar, dass euch beiden Nähe wichtig ist, denn Nähe nährt die Partnerschaft mehr als alle anderen Aktivitäten. Dann richtet euer Leben gemeinsam darauf aus, dass Nähe ein fester Bestandteil in eurem Alltag werden kann. Findet ein Zeitmodell, das euch entspricht.

Keiner kann euch die Zeit schenken, nur ihr könnt euch entscheiden.

Ich spüre nichts beim Slow Sex, mache ich etwas falsch?

Wenn man mit Slow Sex beginnt, kann es sein, dass einer oder beide das Gefühl haben, beim Slow Sex nichts zu spüren. Das bedeutet jedoch nicht, dass Slow Sex für dich nicht funktioniert. Es bedeutet lediglich, dass du auf dem Weg des Lernens bist. Häufig liegt es daran, dass man das Gefühl beim Slow Sex mit den Empfindungen beim konventionellen Sex vergleicht. Dabei geht es beim konventionellen Sex mehr um Reibung und Intensität, Lust und Erregung. Beim Slow Sex liegst du entspannt beieinander, weshalb anfangs oft das Gefühl aufkommt, dass gar nichts Interessantes passiert.

Der erste Schritt aus dieser Situation heraus ist, dieses Nichts zu akzeptieren. Es ist schließlich nicht „schlimm", sondern lediglich anders. Es ist nicht das, was du vom Sex erwartest, aber es ist nunmal so. Oft liegt es auch daran, dass die Genitalien von den heftigen Stimulationen, ob durch Reibung, Vibratoren oder andere Reize, ein wenig desensibilisiert sind. Es benötigt eine gewisse Zeit, bis die Genitalien wieder zugänglicher für die feineren Empfindungen werden. Damit eröffnest du dir noch mehr Facetten des Spürens, denn du verlierst die Fähigkeit nicht, auch alles andere zu genießen.

Außerdem hilft es, wenn du dich mit deinem Partner* darauf verständigst, dass über einen gewissen Zeitraum Slow Sex der Standard-Sex ist. Das hilft euch beiden, euch auf das zu konzentrieren, was ihr alles genießen könnt, selbst wenn euer genitales Gespür noch nicht so feinjustiert ist. Auch wenn dieses „Bisschen", welches ihr genießen könnt, noch sehr sehr klein ist. Konzentrierst du dich jedoch genau auf dieses Bisschen, bildet es eine genussvolle Brücke in der Phase, in der sich dein Körper auf die neuen Empfindungsqualitäten einschwingt.

Diese Phase ist, als würdest du deine Instrumente zur Wahrnehmung neu ausrichten. Stell dir vor, du hättest dich eine Weile sehr salzig ernährt. Wenn dann jemand das Salz im Essen weglässt, schmeckt es erst einmal sehr anders, als du es vorher kanntest. Mit der Zeit gewöhnen sich deine Geschmacksnerven jedoch daran und du wirst ganz andere Nuancen des Geschmacks wahrnehmen können.

Auch beim Slow Sex geht es am Anfang vor allem darum, eine neue Wahrnehmung zu entwickeln und ihn nicht daran zu messen, was man bereits kennt. Mit der Zeit lernst du dann auch die anderen Nuancen des Wahrnehmens und Spürens kennen.

Eine weitere Möglichkeit, mit dem Nichts umzugehen, besteht darin, in dieses Nichts hinein zu lauschen. Meist befindet sich dieses Gefühl von Nichts verstärkt in und um die Genitalien herum. Du kannst dir den Prozess des Hineinlauschens ungefähr so vorstellen, als würdest du zunächst mit einer Lupe versuchen, einen Mikroorganismus zu betrachten. Anschließend nutzt du ein Mikroskop, dann immer stärkere Vergrößerungen. Damit entfalten sich Schritt für Schritt die kleinen Wunder. Wenn du also in dieses Nichts hineinlauschst oder hineinspürst, wirst du merken, dass darin eine wunderbare Tiefe steckt. Und in dieser Tiefe wirst du irgendwann merken, dass da doch etwas ist, ganz sacht und leise. Dann kannst du genau in dieses Leise hineinspüren. Mit der Zeit merkst du, dass dieses doch nicht so klein und leise ist, sondern dass sich die Wahrnehmung dafür verändert. Auch während des Slow Sex können sich diese leisen Wahrnehmungen verändern. Manchmal hilft es, sich mit seinem Partner* darüber auszutauschen, um wachsam gegenüber diesen kleinen Veränderungen zu sein.

Das Wesentliche in Kürze:

Manchmal fühlt man am Anfang des Slow Sex-Weges noch nichts. Bleib am Ball und lass dir Zeit, so dass sich deine Wahrnehmungsinstrumente umstellen dürfen und akzeptiere, dass es sich auch einmal nach nichts anfühlen darf. Mit der Zeit verändert sich dein Gefühl und du wirst jedes Mal aufs Neue gespannt sein, was du wahrnehmen wirst. Auch wenn du erstmal keine sexuelle Energie spürst, gibt es beim Slow Sex ganz viel Nähe mit deinem Partner* zu genießen.

Ein Partner will mehr Bewegung als der andere

Da es beim Slow Sex keine vorgeschriebenen Bewegungsmuster gibt und es explizit erwünscht ist, dass sich beide Partner* entspannen und nur ihren Bewegungsimpulsen nachgehen, ist es gut möglich, dass ein Partner* tendenziell mehr Bewegung möchte als der andere. Das ist vor allem am Anfang oft so, kann sich jedoch auch über die Zeit erhalten.

Während der ersten Lernphase zeigt es sich manchmal nicht so direkt, da es die Empfehlung gibt, sich nicht oder sehr wenig zu bewegen. Habt ihr jedoch schon alle Phasen durchlaufen, kommen diese unterschiedlichen Bedürfnislagen durchaus zum Vorschein.

Dann ist es gut, wenn derjenige, der weniger Bewegung möchte, seinen Wunsch äußert und der andere, der mehr Bewegung möchte, sich diesem fügt. Häufig erwächst daraus größere sexuelle Vertrautheit und größeres sexuelles Vertrauen.

Wenn der Bewegungsdrang jedoch bleibt, ist das ebenso in Ordnung. Wichtig ist, dass beide Partner* Verständnis füreinander haben. Sowohl der Mann für die Frau, als auch die Frau für den Mann. Oder der mit größerem Bewegungsdrang für den mit weniger Bewegungsdrang und umgekehrt.

In diesen Situationen geht es darum, einen guten Mittelweg zu finden. Eine Möglichkeit ist, in völliger Stille zu beginnen (und zwar so viel Stille wie möglich), sodass sich der derjenige, der weniger Bewegungsdrang hat, tief entspannen kann. Erst, wenn dieser wirklich entspannt ist, werden langsame, bewusste und absichtslose Bewegungen begonnen. Diese Bewegungen sollten unglaublich genussvoll sein. Sie finden mit viel Aufmerksamkeit für die Bewegung an sich statt. Es ist hilfreich, wenn ihr euch während des Bewegens in die Augen schaut.

Als Übung kann man sich darauf einigen, die Bewegungen noch achtsamer, absichtsloser und bewusster auszuführen. Dadurch werden die Bewegungen automatisch langsamer.

Eine andere Möglichkeit ist, nach den Lernphasen gezielt Verabredungen zu treffen, während denen mehr Bewegungen möglich sind oder auch andere sexuell befriedigende Praktiken mit intensiver Bewegungen miteinander erlebt werden können. So kann dieses Bedürfnis nach mehr Bewegung unkompliziert gestillt werden. Dadurch kann sich derjenige, der mehr Bewegung möchte, beim Slow Sex mit weniger Bewegung wieder besser entspannen, da er weiß, dass sein Wunsch zu einem anderen Zeitpunkt erfüllt wird.

Das Wesentliche in Kürze:

Wenn du und dein Partner* unterschiedlich viel Bewegung möchtet, ist es wichtig, einen Mittelweg zu finden. Ein möglicher Mittelweg wäre, aus der Stille ganz sanft und mit gutem Blickkontakt in die Bewegung zu kommen. Die Bewegungen sollten noch bewusster und achtsamer ausgeführt werden. Alternativ definiert ihr einen anderen Zeitpunkt für mehr Bewegung, um vorerst einen klaren, stillen Raum miteinander zu erleben.

Ich habe keine Lust auf Slow Sex

Häufig wird uns berichtet, dass schlichtweg die Lust auf Slow Sex fehlt. Auch wenn das bei vielen Menschen der Fall ist, ist es nicht empfehlenswert, Slow Sex von der Lust abhängig zu machen. Wenn es dir wichtig ist, etwas für deine Beziehung zu tun, ist Slow Sex auf jeden Fall ein gutes Mittel. Etwas für die Beziehung zu tun, ist völlig unabhängig davon, ob du sexuelle Lust empfindest. Da Lust keine Voraussetzung für Slow Sex ist, kannst du ihn schlichtweg für die Beziehungspflege einsetzen.

Sex zu haben, weil man Lust verspürt, ist eine Gewohnheit aus dem konventionellen Sex. Daher kommt die Erwartung, dass Lust der Grund für Sex ist.

Im Slow Sex ist es andersherum: Beim Slow Sex geht es darum, das Bedürfnis nach Nähe zu deinem Partner* zu spüren und diesem Bedürfnis nachzugehen. Du weißt, dass dir Slow Sex gut tun wird und dass er für die Verbindung zwischen dir und deinem Partner* sehr

Ich suche eher etwas, das nach "Ich habe Kopfschmerzen" aussieht

viel tun kann. Außerdem sorgt er für dein körperliches und seelisches Wohlbefinden. Diese Effekte kannst du durch Slow Sex immer erreichen.

Daher ist es auch kein Grund, auf Slow Sex zu verzichten, wenn du keine Lust hast. Wenn ihr vor dem Slow Sex keine Lust habt, legt euch wenigstens nackt zueinander und schaut, was passiert. Unser Tipp: Bringt zumindest eure Genitalien zusammen, sodass sie sich berühren.

Wenn du merkst, dass es dir dennoch schwer fällt, dich zu „überwinden", denke dir: „Ich habe keine Lust. Na und?" Probiere und erforsche, was es ausmacht, wenn du Slow Sex praktizierst, auch wenn du keine Lust darauf hast. Achte vor allem darauf, wie du dich danach fühlst, auch wenn du vorher keine Lust hattest.

Wir haben gemerkt, dass es sich lohnt, nachzuforschen, ob hinter der Lustlosigkeit auf Slow Sex eine Störung bezüglich der Nähe zum Partner steckt. Stimmt gerade etwas zwischen euch nicht? Schafft wieder Nähe miteinander, indem ihr euch Zeit für ein Wertschätzungs-Ritual nehmt.

Das Wesentliche in Kürze:

Lust ist keine Voraussetzung für Slow Sex. Er erfüllt eher Bedürfnisse des Nahe-Seins und der Beziehungspflege. Außerdem kannst du dir damit auch körperliches Wohlbefinden bereiten. Deshalb lohnt es sich, auch Slow Sex zu haben, wenn du mal keine Lust hast. Der Genuss kommt beim Zusammensein.

Ich langweile mich beim Slow Sex, was tun?

Manche Menschen langweilen sich beim Slow Sex. Das ist verständlich, wenn man davon ausgeht, dass Sex mit heißen, verschwitzten Körpern zu tun hat, die sich bewegen und lustvoll stöhnen. Ist das auch bei dir der Fall, laden wir dich dazu ein, deinen Blick auf und deine Erwartungen an Sex anzupassen.

Zu Beginn des Buchs hast du erfahren, dass Slow Sex gerade am Anfang viel mit „Erwartungsmanagement" zu tun hat. Erwartest du nämlich von Slow Sex das, was du von konventionellem Sex erwartest, ist es völlig verständlich, dass du dich gelangweilt fühlst, weil scheinbar nichts Großes passiert. Das ist wie im Beispiel mit der Olive und der Traube. Erinnerst du dich? Wenn du eine Traube auf dem Tisch siehst, sie in den Mund nimmst und hineinbeißt, doch tatsächlich in eine Olive beißt, wirst du die Olive nicht mögen, weil du den süßen Geschmack einer Traube erwartest. Weißt du aber, dass du in eine Olive beißt, kannst du den Geschmack der Olive genießen.

Deshalb mach dir noch einmal bewusst, dass konventioneller Sex gut für bestimmte Bedürfnisse ist, Slow Sex jedoch für andere Bedürfnisse. Bei Slow Sex geht es um Verfeinerung deiner Wahrnehmung, um Nähe und Intimität.

Wenn du dich also beim Slow Sex langweilst, liegt es wahrscheinlich daran, dass deine Wahrnehmung noch nicht auf das feine Fühlen ausgerichtet ist. Im Slow Sex passiert meist unglaublich viel. Das geschieht vermutlich jedoch auf etwas andere Weise, als du es gewohnt bist. Es könnte für dich hilfreich sein, wenn du noch einmal genauer hinspürst, wo die ganz feinen Empfindungen sind, wie dein Atem funktioniert, wie sich dein Körper anfühlt.

Vielleicht merkst du, wie sich deine Körpertemperatur und die deines Partners* während des Slow Sex verändern. Wie deine Genitalien stärker durchblutet sind, sich „feiner" anfühlen und die kleinen Bewegungen spürbar werden.

Möglicherweise hast du auch ganz bestimmte Erwartungen daran, was beim Sex alles passieren muss. Wenn diese Erwartungen nicht erfüllt werden, empfindest du das, was passiert, wahrscheinlich als langweilig. Das trägt natürlich nicht dazu bei, dass du dich experimentell und neugierig auf Slow Sex einlassen kannst. Unser Tipp: Entspannung miteinander genießen, statt sich zu langweilen.

Das Wesentliche in Kürze:

Langeweile zeigt dir lediglich, dass du noch nicht ganz auf Slow Sex eingestellt bist. Das ist kein Fehler, nur ein Hinweis darauf, dass du an deiner Haltung noch etwas verändern kannst, um noch mehr Genuss erleben zu können.

Bemerke dies und stelle deine Wahrnehmung erneut auf Entspannen und Genießen ein. Meist ist Langeweile ein Zeichen dafür, dass du mit versteckten Erwartungen an bestimmte Empfindungen in die Slow Sex-Session gegangen bist, die sich jetzt nicht erfüllen.

Ich habe Schmerzen bei Slow Sex, was kann ich tun?

Es kann vorkommen, dass du auch beim Slow Sex Schmerzen empfindest. Wenn das so sein sollte, lohnt es sich, zu erforschen, welchen Schmerz du genau spürst, da es nicht nur eine Art von Schmerz gibt.

Manche Schmerzen deuten auf eine Entzündung oder auf Krankheiten hin. Ist das bei dir der Fall, solltest du einen Arzt konsultieren und keinen weiteren (Slow)Sex haben. Schone dich bei dieser Schmerzart, bis die Ursache ausgeheilt ist.

Neben den Schmerzen, die auf Entzündungen und Krankheiten hindeuten, gibt es Schmerzen im Genitalbereich, die Verspannungen anzeigen oder körperliche Verhärtungen, die durch schmerzhafte Erinnerungen verursacht wurden. Im Tantra geht man davon aus, dass der Körper neben dem Gehirn quasi eine zweite Art von Erinnerungsspeicher ist und er die jeweilige Erinnerung in dem Körperteil speichert, in dem diese Erfahrung gemacht wurde. Diese Schmerzart kannst du dir wie verspannte Schultern vorstellen. Wenn du verspannte Schultern massierst, wird der Schmerz erst richtig spürbar, weil du ihn jetzt mit allen Sinnen wahrnimmst und deine Aufmerksamkeit bei deiner Schulter ist. Dieser Schmerz dient dem Auflösen der Verspannung. Genau das Gleiche kann in den Genitalien passieren. Mit Slow Sex hast du die Chance, diese genitalen Verspannungen aufzulösen. Wenn du als Mann mit dem Penis auf eine verspannte Stelle in der Vagina triffst, kannst du den Penis wieder einen Millimeter zurückziehen, innehalten und mit deiner liebevollen Präsenz da bleiben. Dann beobachtet die Frau, wie sich das Empfinden in dieser verspannten Stelle verändert. Dann kann der Penis wieder ein Stück weiter in Richtung Verspannung geschoben werden und die Frau spürt erneut nach, wie sich diese Stelle verändert. Dieses Vorgehen kann die Schmerzen auflösen, wenn man an der verspannten Stelle ganz ruhig und achtsam bleibt. Umgekehrt ist das genauso möglich. Es geht nicht darum, über den Schmerz hinweg zu gehen und auch nicht, ihm auszuweichen. Es gilt, mit Aufmerksamkeit hinzuspüren und zu beobachten, wie sich der Schmerz verändert.

Es kann auch schmerzhaft sein, wenn sich die Vagina zu trocken anfühlt. Dann kann jede Art von Berührung unangenehm sein. Dagegen gibt es wundervolle Gleitmittel, mit denen du beide Genitalien einölen und dafür sorgen kannst, dass es keine Reibungsschmerzen mehr zwischen euch gibt. Durch hormonelle Schwankungen und Veränderungen im Körper einer Frau, gibt es die verschiedensten Gründe, weshalb der Körper unterschiedlich viel Flüssigkeit produziert. Da man im Slow Sex bewusst darauf verzichtet, vor der Vereinigung eine hohe Erregung herzustellen, kann es durchaus sein, dass sich die Vagina noch zu trocken anfühlt und Hilfsmittel benötigt werden. Außerdem dauert der Sex beim Slow Sex viel länger, weshalb die Feuchtigkeit mit der Zeit auch weniger werden kann. Daher noch einmal die Empfehlung, ein Gleitmittel zu finden, das euch gut gefällt und diese Form von Schmerz gar nicht erst auftreten lässt.

Das Wesentliche in Kürze:

Wenn du Schmerzen beim Slow Sex hast, solltest du herausfinden, woher diese kommen. Dabei gibt es grob gesagt drei Formen des Schmerzes: Schmerzen, die auf Entzündungen und Krankheiten hindeuten, bei denen es ratsam ist, sie ausheilen zu lassen und den Arzt zu befragen. Schmerzen, die durch Verspannungen entstehen, die durch achtsames Spüren im Slow Sex aufgelöst werden können. Und Schmerzen, die durch zu wenig Flüssigkeit aufkommen. Diese können durch ein gutes Gleitmittel behoben werden, sodass sie zukünftig gar nicht erst wieder auftreten.

Ich schlafe beim Slow Sex ein, ist das verkehrt?

Viele Menschen fragen sich, ob es ein Problem ist, beim Slow Sex einzuschlafen. Diese Frage ist verständlich, denn vom konventionellen Sex ist man das nicht gewohnt. Im Gegenteil, häufig fühlt sich der Partner verletzt, weil der Sex mit ihm offensichtlich so langweilig ist, dass die andere Person einschläft.

Diese Einstellung teilen wir jedoch nicht. Wie es Ilan Stephani in ihrem Buch „Lieb und teuer" ausdrückt: „Einschlafen ist beim Slow Sex quasi eine Pflichtübung." Es ist also völlig in Ordnung, beim Slow Sex einzuschlafen. Unsere Körper scheinen trotz des Schlafes genau zu wissen, was sie machen müssen. Teilweise hatten wir die schönsten Danach-Effekte, wenn wir beide eingeschlafen und dadurch besonders lange Zeit still sexuell vereinigt waren.

Wenn es immer wieder passiert, dass du beim Slow Sex einschläfst, dann kannst du versuchen herauszufinden, woran dies liegt. Es lassen sich nämlich zwei Arten von Einschlafen beobachten:

Es gibt den Schlaf, der einsetzt, wenn man ganz tief entspannt, den nennen wir den Entspannungsschlaf. Während des Entspannungsschlafs holt sich der Körper scheinbar automatisch, was er haben möchte. Dieses

Einschlafen kann etwas ganz Köstliches sein. Danach fühlt man sich häufig sehr erfrischt, als hätte man sich wirklich lange und tief entspannt.

Dann gibt es eine Form des Einschlafens, die wir den Vermeidungsschlaf nennen. Diese Form des Einschlafens lässt dich wegdösen, wenn du etwas nicht so genau mitbekommen möchtest oder wenn dir etwas nicht richtig passt. Er zeigt dir, dass es hier etwas zu erforschen und zu lernen gibt. Er ist also nicht per se schlimm und hat durchaus auch seinen Platz im Slow Sex.

Mit der Zeit wirst du zwischen diesen beiden Arten des Einschlafens unterscheiden können.

In diesem Sinne passen Slow Sex und Einschlafen gut zusammen. Wir selbst schlafen immer wieder beim Slow Sex ein, insbesondere, wenn wir spät am Abend damit beginnen. Wenn wir Lust haben, beim Sex wacher zu sein, verabreden wir uns für ein Schäferstündchen zu Mittag oder am Nachmittag.

Das Wesentliche in Kürze:

Wenn du beim Slow Sex einschläfst, ist das gar nicht schlimm. Entweder bist du so entspannt, dass sich dein Körper von selbst holt, was er benötigt, oder der Schlaf zeigt dir an, dass du hier noch etwas lernen und erforschen kannst. In beiden Fällen passt der Schlaf wunderbar zum Slow Sex dazu.

Mir fehlt die Lust beim Slow Sex

Wenn du „Lust auf Lust" hast, gibt es nach der ersten Phase des Lernens, der stillen See, die Möglichkeit, zwischen konventionellem Sex und Slow Sex zu wechseln und so deine verschiedenen Bedürfnisse zu erfüllen. Hierbei ist es jedoch besonders wichtig, dass du und dein Partner* klare Zeitpunkte für den jeweiligen Sex definiert. Macht euch klar, welche Art Sex ihr haben wollt. Wir empfehlen, am Anfang möglichst lange ausschließlich Slow Sex zu praktizieren. Unsere Empfehlung ist, alle Lernphasen zu durchlaufen, bevor du wieder mit konventionellem Sex anfängst.

Es kann auch sein, dass dir die Lust beim Slow Sex fehlt, weil du ingesamt weniger Lust in der Sexualität erlebst, als du dir wünscht. Dafür kann es viele Gründe geben. Mach dir klar, dass es verschiedene Arten von Sex gibt und der Slow Sex gerade in der Lernphase weniger gut dafür geeignet ist, Lust zu erfahren, sondern eher andere Bedürfnisse erfüllt. Suche daher nach Wegen, wie du die Lust bei anderen Arten von Sex erfahren kannst.

Wenn du bereits in der dritten Lernphase bist, kannst du auch deinen Partner einladen, mehr auf die Lust in euren Körpern zu lauschen und mit der Erregungskurve wie mit einer Welle zu spielen. Das sollte allerdings stets nur eine Einladung sein- vielleicht möchte der andere gerade nicht darauf eingehen.

Nach dem Üben – Wie geht es weiter?

Wenn du bis hierhin gelesen hast, weißt du alles, um die drei Slow Sex-Lernphasen und eventuell auftretende Stolpersteine zu meistern. Mit diesem Wissen hast du alles, was du brauchst, um beim Slow Sex-Lernen eigene gute Erfahrungen zu machen. Wahrscheinlich bist du die ersten Schritte bereits gegangen. In diesem Kapitel bekommst du von uns noch einen Ausblick, was dich nach den drei Lernphasen erwartet und Anregungen, wie du Slow Sex für dich weiterentwickeln kannst.

15 Minuten Slow Sex: der tantrische Quickie

Bisher hast du gelesen und gelernt, dass Slow Sex viel Zeit benötigt, da empfohlen wird, ein bis drei Stunden für die Vereinigung zu planen. Das ist in der Lernphase besonders wichtig, um die Grundprinzipien und die Grundhaltung von Slow Sex auf der Erfahrungsebene zu verinnerlichen. Doch für die Zeit nach dem Lernen gibt es eine Möglichkeit für Slow Sex, die dir nicht vorenthalten werden soll: der tantrische Quickie. Das Charmante am tantrischen Quickie ist, dass er nur eine Viertelstunde dauert. Das heißt, Slow Sex geht auch mal ganz kurz, einfach zwischendurch.

Du machst dabei das Gleiche wie immer, verkürzt jedoch die Begegnung auf 15 Minuten (oder so viel bzw. wenig Zeit, wie du im Moment zur Verfügung hast). Dadurch wird Slow Sex auch im Alltag praktikabel. Der tantrische Quickie ist die Version von Slow Sex, die du vor dem Einschlafen haben kannst, auch wenn du bereits müde bist. Oder in der Mittagspause, wenn du und dein Partner* wenig Zeit habt. Manche Paare stellen sich auch morgens den Wecker eine Viertelstunde früher und haben bereits vor dem Aufstehen einen tantrischen Quickie. Das ist eine ganz wundervolle Art, in den Tag hineinzugleiten. Dazu muss man auch noch nicht ganz wach sein, man kann einfach damit wach werden.

Heißer Slow Sex

Du hast bisher viel über Langsamkeit und niedrige Erregungslevel gelesen. Gerade in den ersten Lernphasen ist es wichtig, dass du mit Bewegung sparsam umgehst, damit du die achtsame und absichtslose Haltung des Slow Sex einüben kannst. Doch irgendwann, spätestens in der dritten Lernphase, darf wieder mehr Bewegung dazukommen. Das stellt viele Menschen vor die Herausforderung, trotz der höheren Erregung in der Slow Sex-Haltung zu bleiben.

In diesem Kapitel erfährst du, wie es möglich ist, auch in hoher Erregung und wenn der Sex wieder heißer wird, Slow Sex zu praktizieren. Das heißt: Wie kann es dir gelingen, Slow Sex zu haben, wenn du viel Lust im Körper spürst und dennoch nicht auf den Orgasmus zusteuern willst? Denn das ist eine große Kunst.

Für viele Paare stellt die hohe Erregung am Anfang eine ganz schöne Herausforderung im Slow Sex dar. Denn sobald mehr Hitze in die Zweisamkeit kommt, gerät die absichtslose Haltung leichter ins Wanken.

Um dennoch in der Slow Sex-Haltung bleiben zu können, hilft es, die Aufmerksamkeit sowohl in den Körper, als auch in den Kopf zu richten. Unserer Erfahrung nach braucht das viel Übung und ein gutes Slow Sex-Fundament.

Die Slow Sex-Haltung im Kopf

Die innere Haltung ist ganz entscheidend, um während lustvollerer und heißerer Slow Sex-Begegnungen im Slow Sex-Modus zu bleiben. Wenn es heißer wird und du dir nicht mehr sicher bist, ob du noch Slow Sex hast, kannst du dich daran orientieren zu prüfen, ob du noch in der Slow Sex-Haltung bist.

Dazu kannst du den Slow Sex-Test machen und dir die Frage stellen, ob du jederzeit glücklich wärst, wenn du mit dem Sex aufhören würdest. Du fragst dich damit, ob du wirklich absichtslos im Hier und Jetzt bist oder ob du noch ein Ziel erreichen möchtest. Das müssen du und dein Partner* jeweils für sich selbst feststellen. Denn durch heftige Bewegungen fällt man schnell in alte Muster zurück, da diese bereits gut bekannt und entsprechend verankert sind. Um aus diesen Mustern auszubrechen, helfen Achtsamkeit und Selbstbeobachtung am besten. Das bedeutet konkret, dass du dafür Bewusstsein entwickeln musst, denn das Slow Sex-Verhalten und die entsprechende Einstellung passieren nicht von alleine.

So ein Muster könnte wie folgt aussehen:

Als Frau merkst du zum Beispiel, dass sich dein Mann stärker bewegt. Eine alte Erinnerung lässt dich darauf reagieren, weil du sonst das Gefühl hättest, lediglich „wie ein nasser Sack dazuliegen". Du fühlst dich dadurch möglicherweise unter Druck, dich auch zu bewegen. Wenn du diesen Druck bemerkst, kannst du den Schalter umlegen, indem du dir klar machst, dass du die Bewegung genießen kannst, ohne ein Ziel erreichen zu müssen.

„ *Heißer Slow Sex ist hohe Erregung bei gleichzeitiger vollkommener Entspannung.* **"**

Als Mann könnte es vorkommen, dass du denkst, du müsstest deine Frau jetzt zum Orgasmus bringen. Wenn du das bemerkst, kannst du für dich einen gedanklichen Wechsel einlegen, indem du dir sagst, dass du deine Aufmerksamkeit nun auf das gute Gefühl und den Genuss legst.

Manchmal ist in solchen Situationen eine kleine Pause sehr nützlich, um wieder zurück in die entspannte Absichtslosigkeit zu gleiten. In vielen Fällen hilft es auch, darüber zu sprechen, damit der Partner weiß, was gerade in dir vorgeht und warum du vielleicht etwas hin- und hergerissen wirkst.

Die Slow Sex-Haltung im Körper

Der zweite Punkt, dem du Aufmerksamkeit schenken solltest, während du in höherer Erregung bist, ist dein Körper. Während heißerer Begegnungen ist es nämlich hilfreich, dass du mit deiner Aufmerksamkeit immer wieder in den Körper gehst und schaust, ob du dich irgendwo anspannst oder zusammenziehst. Wenn das der Fall ist, bist du auf dem besten Weg, in alte Muster zu verfallen. Im Gegensatz dazu findest du in deinem Körper Weite und Fließen, wenn du Slow Sex hast. Merkst du, dass sich mehr Spannung angesammelt hat, als du in diesem Moment wirklich brauchst, lässt du einfach wieder los. Wiederholt sich das nach wenigen Sekunden wieder, lässt du einfach erneut los. Das kannst du ständig wiederholen und dadurch überprüfen, ob du wirklich entspannt bist.

Ein Anzeichen dafür, dass du im besten Zustand für Slow Sex bist, ist, wenn du die Anspannung loslässt und die Erregung sich im Körper verteilt. Dadurch merkst du, wie die Erregung plötzlich absinkt und du denkst: „So komme ich nie zum Orgasmus." Das ist das sichere Zeichen, dass du auf dem richtigen Weg bist, heißen Slow Sex zu haben. Auch wenn es sich so anfühlt, als kämst du auf diese Weise nicht zum Orgasmus, verhindert es in Wirklichkeit nicht, dass du doch zum Orgasmus kommst. Doch dieser entspannte Weg zum Orgasmus ist den meisten Menschen unbekannt. Die Erregung, die während des Slow Sex aufgebaut wird, kann, anstatt sich in einer angespannten und gepressten Röhre im Genitalbereich zu entladen, sich durch den ganzen Körper verteilen. Mit dieser Methode brauchst du lediglich länger, bis sich der Körper ekstatisch auflädt. Gerade als Mann ist es für Slow Sex sehr wichtig, dass sich deine Beckenmuskeln entspannen. Das kannst du immer und immer wieder bewusst tun.

Wenn du diesen Punkt am Ende von Phase drei „lebendige See" erreicht hast, geht es in Phase 4 „Free Flow" über. In dieser Phase kann es vorkommen, dass man von Orgasmen überrascht wird. Dieses Überraschtwerden kannst du dir so vorstellen, dass du meinst, der Orgasmus habe dich plötzlich überrollt und du hättest ihn nicht „gemacht". Das stimmt auch in gewisser Weise. Der Orgasmus kam, weil so viel

Erregung im Körper war, dass er sich regelrecht über dich ergossen hat. Wenn jedoch kein Orgasmus kommt und du trotzdem in einer absichtslosen Entspannung bist, kommt keine Frustration auf, wenn ihr entscheidet, mit dem Sex aufzuhören. Die hauptsächliche Frustration entsteht nämlich durch die Anspannung im Körper und im Kopf, die abreagiert werden will. Mit einem entspannten Körper kommt es nicht zu dieser Frustration.

Das Wesentliche in Kürze:

Slow Sex kann richtig heiß und erregend sein. Um dabei jedoch nicht in alte Muster zu verfallen, ist es wichtig, zwei Aspekten Aufmerksamkeit zu schenken: Deiner inneren Einstellung und deinem Körper. Achte darauf, dass du dich nicht unter Druck setzen lässt. Geschieht das dennoch, lege den „Schalter" im Kopf um und besinne dich darauf, dass du genießen darfst, was jetzt da ist, ohne etwas leisten oder erreichen zu müssen. Wenn du merkst, dass du körperlich angespannt bist, entspanne dich wieder. Damit kannst du dich immer wieder in die absichtslose Haltung des Slow Sex zurückbringen. Erlaube, dass es sich schwierig anfühlt, zum Orgasmus zu kommen - so als wäre er viel zu weit weg. Das gibt dir viel Raum im Körper, sexuelle Energie zu sammeln und gleichzeitig im Slow Sex-Rahmen zu bleiben. So entstehen die absichtslosen Orgasmen. Denke stets daran: immer entspannt bleiben, besonders im Becken.

Die Slow Sex-Kur: den roten Faden von Sex wieder aufnehmen und die Nähe vertiefen

Eine andere Möglichkeit, Slow Sex in deinen Alltag zu integrieren und zu vertiefen, ist eine Slow Sex-Kur. Dazu eignet sich eine Woche, in der dein Partner* und du viel Zeit füreinander habt. Sinn dieser Kur ist es, dass ihr euch jeden Tag ein bis drei Stunden Zeit für Slow Sex nehmt, um euch zu genießen, einander näher zu kommen und Slow Sex bis in die Tiefe genießen und praktizieren lernt. In kurzer Zeit viele Slow Sex-Erfahrungen zu machen und dem Thema Nähe und Sexualität viel Zeit zu widmen, fühlt sich für viele Paare wie eine Liebeskur an und sie gehen erfrischt und verbunden aus dieser Zeit hervor. Gleichzeitig ist es wie ein Schub für euer Slow Sex-Wissen: Da zwischen den einzelnen Slow Sex-Sessions nicht viel Zeit vergeht und ihr euch extra viel Zeit nehmt, verinnerlicht ihr das Wissen leichter und beginnt schon sehr verbunden mit der nächsten Slow Sex-Session.

Wie überzeuge ich meinen Mann?

Nachdem du das Buch nun fast komplett gelesen hast, hast du einen guten Überblick gewonnen, was Slow Sex ist. Vielleicht kam dir während des Lesens jedoch der Gedanke, dass dein Mann das nie mitmachen würde. Oder du bist jetzt so motiviert, dass du dir die Frage stellst, wie du deinen Mann dazu bekommen kannst, Slow Sex mit dir auszuprobieren. Möglicherweise hast du deinem Mann bereits während des Lesens von Slow Sex erzählt und er hat ihn abgelehnt oder war zumindest sehr skeptisch.

Wir möchten dir ein paar Möglichkeiten nennen, wie du deinen Partner auf den Geschmack bringen kannst, Slow Sex auszuprobieren.

Vorneweg möchten wir dir sagen, dass Frauen oft schneller von Slow Sex begeistert sind und viele Männer am Anfang gar keine Lust auf Slow Sex haben. Sie finden die Idee langweilig oder empfinden ihn gar als eine Art Mitleidssex nach dem Motto: Besser Slow Sex als gar keinen Sex. Sie wissen häufig nicht, worauf sie sich dabei freuen können. Deswegen kann ich, Samuel, jeden Mann sehr gut verstehen, der skeptisch gegenüber Slow Sex ist. Ich selbst war das zu Anfang auch und dachte, Slow Sex wäre Sex zweiter Wahl.

Die Skepsis der Männer kommt meist daher, dass sie sich die positiven Auswirkungen von Slow Sex nicht vorstellen können. Durch die Orgasmusorientierung und die Erwartung, dass Sex immer wild, heiß und laut sein muss, ist vielen Männern nicht bewusst, dass gerade dieses Ruhige eine Qualität innehat, die euch beide sehr glücklich machen kann.

Grundsätzlich hilft es Männern oft, wenn ein anderer Mann über Slow

Sex spricht. Des Weiteren ist der Weg des Erlebens ein ganz essenzieller Teil, ihn dafür zu gewinnen.

Um deinen Mann zum Slow Sex einzuladen, ist es wichtig, zu verstehen, dass es den meisten Männern viel bedeutet, ihre Frauen glücklich zu machen. Bisher kennt dein Mann nur den einen Weg, wie das funktionieren kann, und dieser wird immer wieder bestätigt. Nicht zuletzt durch Pornos, die Männern beibringen, dass Frauen Sex besonders toll finden, wenn sie sehr erregt und laut sind und viele Orgasmen haben. Weil Männer beim Sex sehr gerne die Helden sein wollen und es ihnen wichtig ist, für die Frau ein schönes Erlebnis zu kreieren, drücken sie „auf's Gaspedal". Wenn du als Frau ihn dann darum bittest, dass er den Orgasmus und alles andere Gewohnte weglassen soll, dann nimmst du ihm in seiner Vorstellung die Möglichkeit, dich glücklich zu machen. Dein Partner *möchte* dich aber glücklich machen. Deshalb ist es so wichtig, dass er diese Zufriedenheit und das Leuchten in deinen Augen nach einer Slow Sex Erfahrung sieht. Es ist wichtig, dass dein Mann versteht, dass du ihn sexuell *willst*. Gib ihm zu verstehen, dass du ihm seine Orgasmen und den bisher gelebten Sex nicht wegnehmen willst. Es hilft ihm möglicherweise, sich besser darauf einzulassen, wenn du ihm Slow Sex als Experiment vorschlägst, auf das du neugierig bist. Neugierig darauf, wie es sich anfühlt, mit ihm ohne Stress und Ziel zusammen zu sein.

Vermittle deinem Partner also, dass du wirklich Lust hast, ihn ganz gemütlich in dir zu spüren, ohne jede Anspannung und ohne Ziel. Du kannst ihm sagen, dass du es gerne einmal erleben würdest, wie es ist, seinen Penis in dir zu spüren, ohne dabei große Action zu haben. Quasi kuscheln mit „Reinstecken" und dabei so richtig schön entspannen.

Unser Tipp dafür ist, dass du ihm diesen Wunsch als Einladung präsentierst, statt als Forderung. Die schlimmsten Situationen in Beziehungen entstehen oft, wenn man sich in Forderungen verhakt. Das entspricht nicht der liebenden und entspannten Grundhaltung, die für Slow Sex so wichtig ist. Vielleicht passiert es, dass du deinen Wunsch nur aus einer Not heraus als Forderung formulierst, weil du das Gefühl hast, dass der Sex zwischen euch so nicht weitergehen kann. Falls du diese Dringlichkeit spürst, sei dir bewusst, dass eine Forderung Gegendruck erzeugt und der Mann sein Herz verschließen wird. So geht es uns allen, wenn wir das Gefühl haben, keine Wahl zu haben. Hilfreich ist, wenn du eine ruhige Klarheit für den Wunsch, Slow Sex zu erleben, entwickelst und aus dieser heraus mit ihm darüber sprichst und mitteilst, was du dir wünschst. Ebenso klar solltest du äußern, was du nicht mehr möchtest. Auf Grund dieser Klarheit kann dein Mann sich dann wieder auf dich einlassen. Mit Druck hingegen landet ihr eher im Streit als bei der gemeinsamen Neugier auf etwas Neues. In einer Beziehung kann es nur vorangehen, wenn ihr kooperiert. In dem Moment, in dem du einen Wunsch an Stelle einer Forderung aussprichst, hast du eine viel größere Chance, deinen Partner zu erreichen.

Du kannst ihm beispielsweise den Vorschlag machen, Slow Sex lediglich auszuprobieren. Versichere ihm, dass der Sex zwischen euch nicht ersetzt werden soll, sondern dass du einfach mal etwas Neues mit ihm erleben möchtest. Unterbreite ihm den Vorschlag, ein oder zwei Stunden Zeit für Slow Sex einzuplanen und dass du dafür die komplette Verantwortung übernimmst. Erkläre ihm, was Slow Sex bedeutet und was er dabei zu tun (und zu lassen) hat - genießen und entspannen - und dass ihr danach wieder etwas anderes machen könnt.

Gib deinem Mann Zeit, auf deinen Wunsch zu reagieren und gib ihm auch Zeit, Slow-Sex-erleben zu lernen. Da viele Frauen für Orgasmen oft länger brauchen und diese Lustwellen von Slow Sex schon kennen, haben sie auch bereits einen kleinen Wissensvorsprung und eine grobe Idee davon, wie sich Slow Sex anfühlen könnte. Männer sind häufig viel zielorientierter auf den Orgasmus ausgerichtet. Sie können sich diese wellenförmige Bewegung der sexuellen Energie oft nicht gut vorstellen. Für Männer bedeutet das Lernen von Slow Sex häufig ein komplettes Umdenken. Sie müssen Gewohnheiten, die sie mental und körperlich aufgebaut haben, umstellen, denn diese sind in ihrer Gehirnstruktur verankert. Um etwas umzulernen sollte man wiederholt eine gute Erfahrung machen, sodass sich neue Pfade im Gehirn und somit neue Gewohnheiten bilden können.

Ein möglicher Zeitpunkt mit einer ganz anderen Herangehensweise ist, diesen Vorschlag zu unterbreiten, wenn du weißt, dass dein Partner sexuell gerade so richtig schön befriedigt ist. Wenn ihr also zwei bis drei Tage Sex inklusive Orgasmus hattet, ist der Hunger auf Sex ein bisschen gestillt und es ist ein guter Moment, ihm Slow Sex vorzuschlagen. Nehmt euch dann mindestens eine Stunde oder länger Zeit, denn dann ist der Slow Sex-Effekt besonders deutlich spürbar, auch für deinen Mann. Vielleicht wird er diese Effekte nicht beschreiben können, aber er wird merken, wie zufrieden du bist und wie nahe ihr euch seid. Er wird die Harmonie zwischen euch spüren und fühlen, dass ihr beide das bekommen habt, was ihr wolltet- und das „nur" mit „reinstecken".

Das konnte ich, Samuel, mir früher ebenfalls nicht vorstellen. Doch nach dem ersten Mal war auch ich „satt" und verwundert, dass ich so viel bekam und Yella so glücklich war.

Das Wesentliche in Kürze:

Wenn dein Partner noch nicht bereit scheint, mit dir Slow Sex auszuprobieren, lade ihn durch den klar formulierten Wunsch, etwas Neues auszuprobieren, ein. Erkläre ihm, dass es dich glücklich machen würde, wenn er sich mit dir auf dieses Erlebnis einließe. Mach ihm dabei klar, dass du ihm den bisher gelebten Sex nicht wegnehmen, sondern lediglich eine neue Variante erleben möchtest, die euch in einer ganz entspannten Haltung näher zusammenbringt. Äußere deinen Wunsch als Einladung und nicht als Forderung, sodass er sich leichter darauf einlassen kann. Übernimm am besten die ersten paar Male die Verantwortung und bitte ihn einfach nur, sich die Zeit zu nehmen. Damit sammelt er Erfahrungen mit Slow Sex, die ihn spüren lassen, was auch er davon hat. Schließlich wird es ihn freuen, dich glücklich zu machen.

Wie überzeuge ich meine Frau?

Auch als Mann kann es sein, dass du Slow Sex ausprobieren möchtest, aber merkst, dass deine Frau nicht wirklich davon überzeugt ist. Möglicherweise kannst du nicht in Worte fassen, weshalb du mit deiner Frau Slow Sex ausprobieren möchtest, sondern merkst lediglich, dass du unbedingt etwas an eurem Sexleben verändern möchtest.

Dann findest du hier ein paar Anregungen, wie du deine Frau dazu einladen kannst, Slow Sex auszuprobieren.

Zunächst ist es gut zu wissen, was deine Frau davon abhält, Slow Sex auszuprobieren. Oftmals ist es so, dass Frauen, die skeptisch gegenüber Slow Sex sind, denken, dass nur wilder und intensiver Sex guter Sex ist und alles andere langweilig. Manche Frauen denken auch, dass Slow Sex sie nicht in ihrer Begehrenswertheit bestätigt. Vielleicht zieht deine Frau aus der Wildheit Bestätigung für ihre Attraktivität. Vielleicht denkt sie aber auch nur, dass Slow Sex schlicht langweilig ist.

Möglicherweise hast du schon länger das Gefühl, dass sich etwas verändern muss, weshalb du schon viel probiert hast, doch irgendwie hat es nie den Kern getroffen. Das hat deine Partnerin vielleicht über die Zeit hinweg eher skeptisch und lustlos gegenüber deinen Vorschlägen gemacht.

Bei mir, Yella, war es so, dass Slow Sex mir das gegeben hat, was ich mir immer von Sex gewünscht habe: Nähe und Absichtslosigkeit in der sexuellen Begegnung. Dieses sexuelle Miteinander verfolgt keinen Zweck, weshalb sich die Lust und der Genuss unendlich ausdehnen können, ohne dass sie durch große Aktionen im Außen immer wieder in eine andere Richtung gelenkt werden. Zum Beispiel fiel weg, dass der Mann etwas macht, um meine Erregung zu steigern. Im Slow Sex erlebe ich, dass es meinem Partner gut geht, weil er dann selbst ganz fein in seiner Wahrnehmung ist und dadurch auch so präsent bei mir und in diesem Moment. Er muss nichts tun, um bei mir die Erregung zu steigern, mich zum Orgasmus zu bringen oder was auch immer. Das hat bei mir ein Gefühl von Ruhe in den Sex hinein gebracht und alles entstresst. Diese Absichtslosigkeit hat dazu geführt, dass ich mich wirklich „gemeint" fühle, wenn wir Sex haben und nicht, dass er einfach irgendeinen Film oder eine Performance abspult, um mich vermeintlich glücklich zu machen. Er will wirklich Sex mit MIR und ist mir dabei auch sehr nah. Das ist es, worum es mir geht. Das erlaubt es mir, meine sexuelle Energie fließen zu lassen und sie zu genießen.

Diese Gefühle von Nähe, wahrgenommen zu werden und zwanglos genießen zu können, wünschen sich viele Frauen, sie können es jedoch nicht verbalisieren. Möchtest du deine Frau zum Slow Sex einladen, kannst du ihr berichten, dass du neugierig auf Slow Sex geworden bist und auf das, was Slow Sex verspricht: nämlich genau diese Nähe, das entspannte Genießen und das tiefe seelisch-sexuelle Genährtsein, das sie sich wahrscheinlich ebenfalls wünscht. Wenn sie sich darauf einlässt, wird sie erleben, dass auch sie nichts tun muss, was nach „Schema F" abläuft. Dadurch, dass ihr gemeinsam in einer aufmerksamen Entspannung seid, kann auch sie dir etwas geben und fühlt sich nicht überrollt von äußeren Impulsen, die sie vermeintlich „abarbeiten" muss. Dadurch entsteht eine wesentlich ruhigere Art der sexuellen Begegnung.

Versichere ihr, dass du nicht den Sex, den ihr habt, ersetzen willst, sondern dass du etwas Neues ausprobieren möchtest, das Bedürfnisse befriedigt, die der konventionelle Sex nicht befriedigen kann. Das habe dich neugierig gemacht. Frag sie, ob sie das mit dir ausprobieren würde und mach ihr den Vorschlag, dass du die Verantwortung für diesen Abend übernimmst. Du erklärst ihr, was sie tun muss, nämlich entspannen und genießen, und dass es so etwas wie „Kuscheln mit Reinstecken" ist. Erkläre ihr, dass es um langsame Bewegungen geht und dass der Orgasmus keine Rolle spielt, sondern es nur um das gegenseitige Spüren geht.

Du kümmerst dich um die Atmosphäre. Frag sie, ob sie sich das einmal vorstellen kann.

Eine andere Form der Einladung wäre, dass du ihr den Vorschlag unterbreitest, Entspannung mit Sex zu kombinieren. Diese Argumentation basiert darauf, dass viele Menschen ihren ganzen Körper anspannen, wenn sie einen Orgasmus haben wollen. Vielleicht hast du das auch bei deiner Frau schon gesehen. Im Slow Sex gibt es jedoch die Möglichkeit, viel Ekstase zu erleben, ganz ohne Anspannung. Orgasmen sind in dieser Entspannung schwieriger zu erreichen. Daher kommt es vielen so vor, als wäre es gar nicht möglich. Aber in dieser Entspannung ist die Lust noch viel exquisiter. Der Lust, die dabei entsteht, kannst du lauschen. Wenn du dich entspannst und dabei Lust entsteht, nährt dich das auf ganz besondere Weise. Diese Lust und der Orgasmus, der entstehen kann, finden ganz andere Wege, werden immer intensiver und pulsieren durch den ganzen Körper. Wenn man körperlich jedoch anspannt, bewegt sich die Lust nicht. Es gibt also ganz andere Dinge zu entdecken, wenn man sich beim Sex entspannt. „Lass uns mal Slow Sex machen", bedeutet somit, dass ihr Sex mit Entspannung kombiniert, also Sex mit kleinen Bewegungen und In-Sich-Hineinlauschen. Frag sie, ob sie das mal ausprobieren möchte.

Du kannst ihr auch berichten, dass du gehört hast, dass Slow Sex der Bindung und der Beziehung gut tut. Du hast auch gehört, dass im konventionellen Sex durch den Orgasmus oft eine gefühlsmäßige Trennung stattfindet. Du wärst aber neugierig, zu erfahren wie es ist, wenn ihr eine Weile lang den Orgasmus mal weglasst und Sex ausprobiert, der mehr Entspannung beinhaltet. Du seist neugierig, was das mit eurem Sex und eurer Beziehung macht.

Das Wesentliche in Kürze:

Wenn deine Frau sich noch nicht für Slow Sex erwärmen kann, versuche zu verstehen, was der Grund dafür ist. Versuche, sie einzuladen, etwas Neues auszuprobieren, das ohne Zweck und Ziel eure Beziehung und eure Nähe stärkt. Gib ihr das Gefühl, dass sie dadurch den anderen Sex nicht verliert, sondern dass du gerne eine neue Form der Nähe mit ihr ausprobieren möchtest, die euch beide ganz anders berührt und euch sexuell nährt. Du möchtest einfach herausfinden, wie sich die Lust zwischen euch entwickeln kann, wenn ihr kein erklärtes Ziel habt, sondern euch dem entspannten Genuss hingebt.

Ermutigung und Ausblick

Vielleicht fühlst du dich ein bisschen entmutigt, weil du so viel darüber liest, worüber man beim Slow Sex stolpern kann und wo die Hürden sind. Wir möchten dir damit unsere vielen Erfahrungen mitgeben und dir versichern, dass es für alle Stolpersteine Lösungen gibt, mit denen es gelingen kann, in der Slow Sex-Haltung zu bleiben und nicht in alte Muster abzudriften. Lass dich also nicht abhalten, immer wieder zu experimentieren. Denn deine eigenen Erfahrungen haben einen viel größeren Wert als lediglich die Theorie zu studieren. Darin möchten wir dich ganz explizit bestärken und dir Mut zusprechen, tatsächlich deine eigenen Erfahrungen zu machen. Nur wenn du deine eigenen Erfahrungen machst, kannst du wissen, was dir leicht fällt und wo du möglicherweise ein wenig mehr lernen darfst.

Dieses Lernen gehört dazu sowie auch die Überwindung der einen oder anderen Hürde. Woher die weit verbreitete Einstellung kommt, dass man beim Sex immer alles auf Anhieb können muss, können wir nur erahnen. Keiner will sich verletzbar machen, weshalb viele immer wieder vermeiden, eigene Erfahrungen zu machen und nur vorgegebene Rezepte herunterspulen, ohne sich die Frage zu stellen, was sich für sie selbst gut anfühlt.

Wir möchten dich dazu ermutigen, eigene Schritte zu gehen und zu sehen, was für dich passt und was nicht. Es muss nicht alles so eintreffen, wie wir es hier beschrieben haben. Vielleicht klappt alles auf Anhieb, vielleicht funktioniert auch gar nichts. Das ist nicht schlimm. Nutze dieses Buch wie eine Anleitung zu einem Experiment und ergänze es mit deinen eigenen Erfahrungen. Schau, welche Zutaten für dich wichtig sind, damit das Slow Sex-Experiment für dich funktioniert.

Sprich mit deinem Partner* über das, was ihr erlebt. Das gehört dazu und zeigt euch gegenseitig, welche Erfahrungen ihr in diesem Rahmen macht. Schaut, welche Verabredungen euch helfen und trefft Vereinbarungen, die euch unterstützen, weiter zu erforschen, was in Slow Sex steckt. Es hat sich immer wieder bei Paaren gezeigt, dass allein die Kommunikation über dieses Thema schon viel Nähe erzeugt.

Redet auch darüber, welchen Nutzen Slow Sex für euch als Paar und für dich als Individuum hat. Dadurch fallen euch sicher weitere Ideen ein, was ihr noch ausprobieren, genauer ansehen oder vertiefen wollt.

Seht Slow Sex als neues Experimentierfeld in eurer Sexualität an, in dem ihr neue Wege der Kommunikation, der Bewegung und des sexuellen Erlebens beschreiten könnt.

Egal, was dich und deinen Partner* antreibt, Neues zu erfahren, probiert es aus. Denn nur der, der sich aus den gewohnten Bahnen herausbewegt, wird neue Wege beschreiten, die zu neuen Orten führen. Das bedeutet für dein Sexleben: Wenn du dich aus deiner geübten Routine heraus bewegst, wirst du andere Dinge erleben, die dich zu neuen Erkenntnissen und zu einem neuen Gefühl für dich und deinen Partner* führen können.

Daher: Nur Mut und viel Freude beim Lustlauschen und Genießen!

ANHANG

Möglichkeiten mehr zu lernen

Nun hast du vieles über Slow Sex gelesen und hoffentlich fühlst du dich gut vorbereitet, die ersten Schritte alleine zu gehen. Erfahrungsgemäß ist man durch ein Buch sehr inspiriert, die Dinge, die man gelesen hat, auch auszuprobieren. Gleichzeitig ist dieses Buch bewusst kurz und klar gehalten und vielleicht wünschst du dir noch mehr Unterstützung, Slow Sex mit deinem Partner* zu üben. Oder du bist jetzt erst recht neugierig geworden und möchtest noch mehr über Slow Sex lernen und dich intensiver mit dem Thema befassen. Dazu können wir dir eine Empfehlung aussprechen, die dir dabei hilft, Slow Sex in dein Leben zu integrieren und ihn noch tiefer zu lernen.

Slow Sex-Onlinekurs: zuhause lernen, in intimer Athmosphäre üben, Fragen in live Webinaren oder per Email stellen

Nachdem wir begonnen hatten, anderen Paaren Slow Sex-Retreats zu empfehlen, merkten wir, dass diese Art des Lernens nicht für jedes Paar das Richtige ist. Manche konnten aus beruflichen oder familiären Gründen nicht an den Seminaren teilnehmen. Wiederum andere wollten mit ihren privaten Themen nicht in eine Gruppe gehen und schließlich spielt für manche auch der finanzielle Faktor eine Rolle. Für alle diese Paare haben wir nach langer Entwicklungszeit den ersten deutschen Slow Sex-Onlinekurs entwickelt, so dass sie bequem zuhause Slow Sex lernen können.

Anders als beim Lernen aus einem Buch, besteht der Onlinekurs aus aufeinander aufbauenden Videolektionen, die für manche Menschen leichter zugänglich sind als gelesener Text.

Der Kurs ist deutlich ausführlicher als dieses Buch und bleibt gleichzeitig immer respektvoll gegenüber persönlichen Grenzen. Es gibt keine Nacktheit. Im Kurs kreieren wir eine Atmosphäre, in der leicht und entspannt über Sexualität gesprochen wird- das steckt die Paare an und es beginnt meist eine schöne Kommunikation über Sex zwischen den Partnern.

In unserem Onlinekurs wirst du über die ganzen Lernphasen hinweg mit Lektionen, Übungen und Impulsen für jede der 21 Slow Sex-Übungsnächte durch uns begleitet. Durch die moderne Technik ist es dir und deinem Partner* zum einen möglich, Fragen zu Slow Sex zu stellen, zum anderen, die Antworten zu sehen, die wir anderen Paaren auf deren Fragen gegeben haben. Das alles geschieht auf Wunsch vollkommen anonym.

Wir wollten dieses Buch kompakt halten. Das Wichtigste, um gute Slow Sex-Erfahrungen zu machen, haben wir für euch hier niedergeschrieben.

Wer tiefer in die Slow Sex-Forschung einsteigen möchte, findet im Onlinekurs neben den Videolektionen zu Slow Sex Tipps für Kommunikation, Berührung und den Umgang mit Traumata.

Durch die Ergänzung mit monatlichen live Webinaren könnt ihr persönliche Fragen stellen oder per Email einreichen und die Antwort in der Aufzeichnung hören. Das können Themen wie diese sein:

✦ Entspannt Mann-sein mit und ohne Erektion
✦ Umgang mit Pornos und Masturbation während und nach dem Kurs
✦ Kondome beim Slow Sex
✦ Kann man Slow Sex auch als Analsex machen?
✦ Slow Sex während der Menstruation
✦ Berühren mit Qualität- welcher Berührungstyp bist du?
✦ Die sexuelle Anatomie von Mann und Frau erklärt
✦ Sexuelle Kommunikation: davor, dabei, danach
✦ Die Lustlosigkeit beim Mann
✦ Penisgrößen und Slow Sex
✦ Hygiene der Genitalien
✦ Ist es ungesund, lange nicht zu ejakulieren?
✦ Der Atem beim Slow Sex
✦ und viele weitere Themen...

Coaching: Konflikte lösen und gemeinsam individuelle Wege zum Slow Sex entwickeln

Coaching ist eine gute Möglichkeit, im intimen Rahmen individuelle Fragen anzusprechen, die im Buch oder im Kurs nicht erwähnt wurden. Es ist auch nützlich, wenn du das Gefühl hast, an einer Stelle nicht weiter zu kommen, denn alleine ist es oft schwerer als mit Unterstützung. Yella bietet Coachingpakete in Deutsch und in Englisch an. Das Coaching kann via Skype und Zoom überall auf der Welt stattfinden oder vor Ort in Hamburg.

Danksagungen

Dieses Buch ist das Ergebnis einer langen Abenteuerreise, an der viele Menschen beteiligt waren. Durch sie ist Slow Sex in unseren Erfahrungsraum gekommen und ohne sie wäre dieses Buch, das du in den Händen hältst, nie entstanden.

Ich, Yella, habe das erste Mal im Jahr 2006 von meiner Freundin Cosima von Slow Sex erfahren. Sie berichtete so begeistert von der Making-Love-Retreat-Woche bei Diana Richardson, dass ich mich und meinen damaligen Partner spontan für das nächste Retreat anmeldete. Diana Richardson und ihr Mann Michael kreierten eine liebevolle Möglichkeit, Slow Sex zu lernen und zu üben, so dass ich und mein Partner uns auf diese komplett neue und ungewöhnliche Erfahrung leicht und gerne einlassen konnten.

Im Jahr 2010 lernten Samuel und ich uns kennen, wir heirateten im März 2012 und besuchten ein Jahr später im Juli 2013 das erste Mal gemeinsam das Making-Love-Retreat von Hella Suderow und Christian Schumacher von „www.Paarweise.info" (von Diana Richardson ausgebildete und autorisierte Slow Sex-Lehrer). Sie haben unsere Beziehung mit ihrer Art Slow Sex zu lehren und vorzuleben sehr inspiriert. Das erste Retreat bei ihnen war ein Meilenstein für uns! Für die jahrelang anhaltende Freundschaft und den Austausch mit beiden sind wir dankbar und wir empfehlen sie jederzeit von Herzen als Lehrer für die einwöchigen Slow Sex-Retreats.

Im Jahr 2017 veröffentlichten wir unsere Crowdfunding-Kampagne für den Online-Slow Sex-Kurs. Über 100 Paare, die sich dort schon für den Kurs angemeldet hatten, waren kraftvolle Unterstützer für unser Vorhaben. Wir wussten nun, dass es Menschen da draußen gibt, die sich einen Onlinekurs über Slow Sex wünschten. Ihre Rückmeldungen und ihre Nachfragen halfen uns, den Kurs aufzubauen und so zu gestalten, dass sie Slow Sex optimal lernen konnten.

Auch das konstante Feedback aller späteren Teilnehmer des Kurses und der Coaching-Klienten, ihre Fragen und Anmerkungen haben uns immer wieder beflügelt.

Mit der Hilfe von Claudia Huber wurde aus unserem Lehrkonzept und den Erfahrungen mit den Teilnehmern schließlich ein Buch: Ihr Lektorat hat unsere Ideen in Form gebracht.

Und auch die Zeichnungen von Shallu Narula bereichern das Buch und haben manches Lächeln auf unsere Lippen gezaubert.

Über die Autoren

Yella Cremer, Anstifterin zu mehr Genuss

Yella Cremer forscht und lehrt seit über 20 Jahren zum Thema Sexualität und Persönlichkeitsentwicklung. Sie ist eine Sexexpertin, Speakerin und Autorin. Ihre Stärke ist es, wohlwollende Räume zu kreieren in denen Wachstum und Heilung geschehen können. Sie unterstützt auf verschiedenste Arten Menschen darin, erfüllenden Sex zu haben, ihr sexuelles Wesen zu genießen und ihre Potentiale im Leben zu entfalten.

Von 2005-2012 leitete sie in Essen die Tantramassage-Praxis „AYELLA". (**www.tantra-essen.de**, heute Ayana) mit einem Team von bis zu 14 Masseur:innen. 2012 gründete sie in Berlin die LoveBase (**www. lovebase.com**), eine Liebes- und Sexschule, diese führt sie seit 2015 online weiter. Ihr erstes Buch "Die 50 besten Sexschulen" erschien 2011, gefolgt von einer Reihe von Kurzanleitungen zur Tantramassage im Lovebase Media Verlag und dem Buch „Das G-Punkt Handbuch für Sexgötter" 2014, erweiterte Ausgaben 2017 bei arkana/Random House und dem Buch „Yoni-Massage- Lust, Heilung und Intimität" 2018 bei arkana/Random House.

Bei Sinnsucher veröffentlichte sie 2018 den Onlinekurs „Bewusste und ganzheitliche Sexualität".

Als Speakerin hält sie international Vorträge, Webinare und Workshops zu den Themen Sexualität und persönliche Entwicklung.

Samuel Cremer, Trainer und Coach

Samuel ist ein begeisterter Trainer und Coach. Seit 1997 beschäftigt er sich mit persönlichem Wachstum und Veränderungsarbeit.

In seiner selbstständigen Arbeit als Medieninformatiker befasste er sich mit der visuellen Sprache und bereitet komplexe Inhalte in gut verständlichen und gehirngerechten Präsentationen auf. In Trainings schult er Mitarbeiter internationaler Firmen wie VW und Siemens darin, spannende und erfolgreiche Präsentation selber zu erstellen.

Sein Interesse an persönlicher Entwicklung und die Fähigkeit, Zusammenhänge verständlich darzustellen, setzte er in seinem ersten Buch „Tu was Du liebst und Du musst nie wieder arbeiten" (2010) und dem zweiten Band mit dem Titel „Tu was Du liebst und trau Dich Geld zu nehmen" um.

Seit 2014 erstellt er mit einem eigenen Verlag **www.futurepacemedia.de** verschiedene Wissenskarten wie den „GFK-Navigator für Gewaltfreie Kommunikation", „GFK-Navigator für Gefühle" etc.

„Miracle Work" entwickelte er aus der Inspiration von NLP und der Arbeit von Morty Lefkoe. Von der Einfachheit und der hohen Wirksamkeit der Methode überzeugt, begann er 2014 (damals unter dem Namen „Emotional Unlinking") dazu Trainings und Coachings anzubieten.

Er ist ausgebildeter Masseur für ganzheitliche Massage, absolvierte mehrere Tantra-Trainings und nahm an unzähligen Workshops, Seminaren, Trainings und Ausbildungen zur persönlichen Entwicklung teil.

Unsere gemeinsame Reise endete

Auch Slow Sex Paare trennen sich. Oder, wie wir es treffender finden: die Form der Beziehung wandelt sich. Unsere gemeinsame Reise ist eine wertvolle Erfahrung in unseren Leben und wir schätzen sie beide auf unsere Art. Die Beziehung ist nicht „gescheitert" sondern sie hat uns viele Jahre inspiriert, bereichert, gefordert und gefördert. Als sie das nicht mehr getan hat, haben wir erlaubt, dass wir getrennte Wege gehen. Es war ein Prozess und wir sind ihn Schritt für Schritt gegangen.

Slow Sex ist weiterhin wesentlicher Bestandteil in unser beider Leben und belebt und transformiert unsere Beziehungen, die folgten.

Zwischenzeitlich was das Buch nicht mehr erhältlich, da wir es nach unserer Trennung vom Markt genommen hatten.

Wir haben eine Weile gebraucht, bis wir wieder Lust hatten dieses Buch in einer neuen Auflage zu veröffentlichen. Yella hat einen neuen Onlinekurs dazu aufgenommen und pflegt das Buch weiterhin mit Samuels Einverständnis.

Literaturverzeichnis

Folgenden Bücher haben wir in unserer Arbeit immer wieder verwendet und zum Teil auch hier im Buch zitiert. Wir legen sie dir hier als Leseempfehlungen ans Herz.

Slow Sex

✦ Dicken, Susanne (2016) **Liebe, Lust und Achtsamkeit** – Sexualität bewusst genießen; Scorpio Verlag, 1. Auflage

✦ Long, Barry (2004) **Sexuelle Liebe auf göttliche Weise**; MB-Verlag, 7. Auflage

✦ Richardson, Diana (2011) **Slow Sex**: Zeit finden für die Liebe; Integral, 8. Auflage

✦ Richardson, Diana (2013) **Zeit für Liebe**: Sex, Intimität & Ekstase in Beziehungen; Innenwelt Verlag

✦ Von Stosch, Iris (2015) **Himmlischer Sex**: Der Weg von Mann und Frau in die tiefe körperliche Liebe; tao.de in J. Kamphausen

✦ Zurhorst, Eva-Maria (2014) **Soul Sex**: Die körperliche Liebe neu entdecken; Arkana, 2. Auflage

Karezza

✦ Dorelli, Cesare A. (1966) **Karezza Liebe:** Beweise für neue Glücksmöglichkeiten; C. Stephenson Verlag, 7. Auflage

✦ Lloyd, William J. (1931) **The Karezza Method:** Or Magnetation and the Blending of Souls; Phoenix House

✦ Lloyd, William J. (1947) **Karezza-Praxis.** Liebe als Austausch magnetischer Kräfte. Die Kunst ehelicher Liebe. Der liebende als Künstler der Berührung; Die Neue Zeit Verlag

✦ Robinson, Marnia (2010) **Das Gift an Amors Pfeil:** Von der Gewohnheit zum Gleichgewicht in sexuellen Beziehungen; Arbor

✦ Reiss, Carmen (2011) **Orgasmus I - Die Biologie der Trennung**: Warum Paare sich entlieben und wie man verliebt bleibt; Books on Demand, 1. Auflage

Besonders herzliche Buchempfehlungen von uns:

✦ Stephani, Ilan & Bäuerlein, Theresa (2017) **Lieb und teuer**: Was ich im Puff über das Leben gelernt habe; Ecowin, 2. Auflage

✦ Pransky, George (2017) **Das Beziehungshandbuch:** Ein einfacher Leitfaden zu erfüllenden Beziehungen; CreateSpace Independent Publishing Platform, 1. Auflage

Beziehungen, Partnerschaft & Sex

✦ Christinger, Doris & Schröter, Peter A. (2010) **Vom Nehmen und Genommen werden:** Für eine neue Beziehungserotik; Piper Taschenbuch

✦ Clement, Ulrich (2015) **Guter Sex trotz Liebe:** Wege aus der verkehrsberuhigten Zone; Ullstein Taschenbuch; 4. Auflage

✦ Deida, David (2012) **Erleuchteter Sex:** Ekstase als spiritueller Weg; Goldmann Verlag

✦ Deida, David (2012) **Sex als Gebet:** Leitfaden für Frauen und Männer zu ekstatischer Liebe und Leidenschaft; J. Kamphausen, 1. Auflage

✦ Henning, Ann-Marlene & Bremer-Olszewski, Tina (2017) **Make Love:** Ein Aufklärungsbuch; Goldmann Verlag

✦ Méritt, Laura (Herausgeberin) (2012) **Frauenkörper neu gesehen**: Ein illustriertes Handbuch; Orlanda Frauenverlag, 1. Auflage

✦ Schnarch, David (2007) **Die Psychologie sexueller Leidenschaft**; Klett-Cotta, 5. Auflage

✦ Winston, Sheri (2018) **Entfalte Dein erotisches Potential,** Kamphausen Media GmbH, 4. Auflage

Making Love Retreats für Slow Sex

Mit den Retreats der folgenden Lehrerinnen und Lehrer haben wir persönlich positive Erfahrungen gemacht.

✦ Hella Suderow und Christian Schumacher www.paarweise.info (Norddeutschland)

✦ Diana und Michael Richardson www.love4couples.com (Schweiz)

Slow Sex Workshops

Yella gibt Webinare, Coachings und Worshops zum Thema Slow Sex, mehr dazu findest du unter www.lovebase.com.

Der Slow Sex Onlinekurs

Den Onlinekurs findest du unter www.liebelauschen.de
Paare, die den ersten Kurs gekauft haben erhalten weiterhin Zugang zu dem ersten Kurs.

Mehr über unsere Arbeit

Auf den folgenden Seiten findest du mehr für eine erfüllte Sexualität und ein genussreiches Leben.

✦ Yella Cremer www.lovebase.com

✦ Samuel Cremer www.futurepacemedia.de

Kurzanleitungen für neugierige Paare

von Yella Cremer

Lingam-Massage

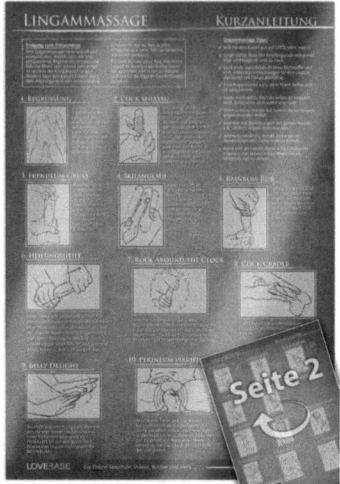

Yoni-Massage

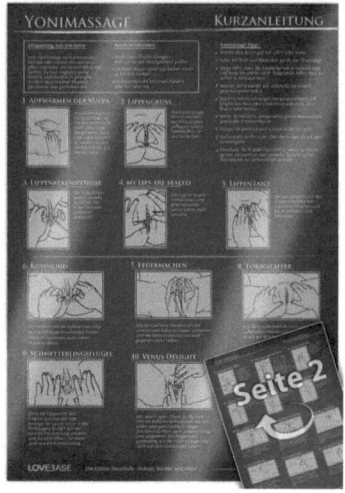

Weibliche Ejakulation

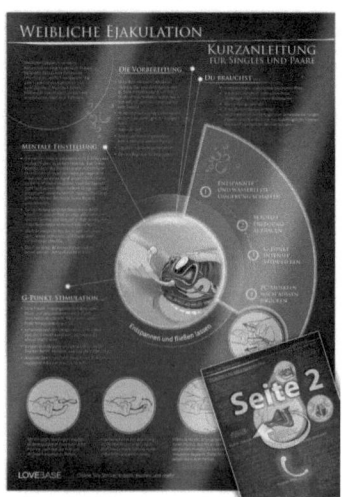

G-Punkt Massage

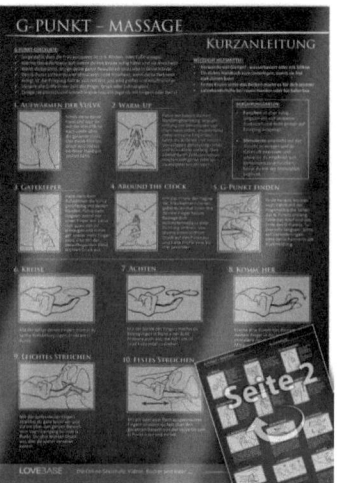

Bestellen auf www.Lovebase.com

Jede laminierte Karte (DIN A4) gibt dir eine übersichtliche und intuitiv verständliche Anleitung für eine besondere erotische Massage. Die Zeichnungen illustrieren jeden Griff. So könnt ihr sofort beginnen, ohne viel zu blättern.

Pussy-Yoga

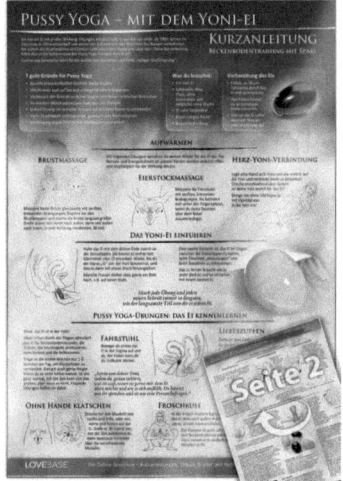

Prostata-Massage

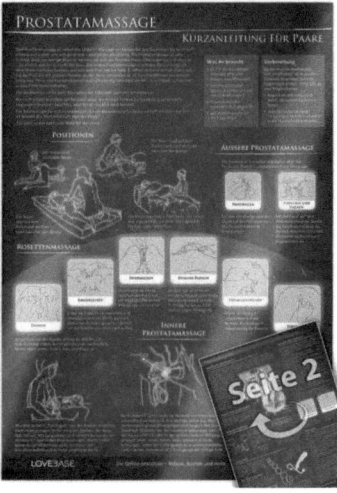

Sanfte Klitorismassage

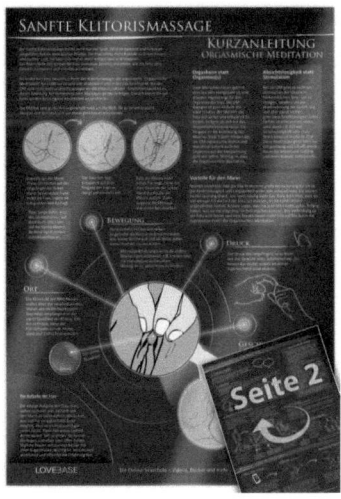

Analmassage für die Frau

Bestellen auf www.Lovebase.com

Yoni-Massage: Lust, Heilung und Intimität

von Yella Cremer

Besserer Sex? Heilsame Berührungen, die echte Intimität und neue Lust entstehen lassen? Yoni-Massage ist ein wundervoller Weg dorthin. Bei dieser Form der Genitalmassage steht die Frau im Mittelpunkt. Der Partner kann ihr mit liebevollem Abenteuergeist helfen, ihr erotisches Potenzial neu zu entdecken, alte körperliche und emotionale Wunden zu heilen, sich ihm tiefer hinzugeben und mehr Spaß am Sex zu haben als je zuvor. Die bekannte Sexexpertin Yella Cremer weiß, was Frauen und Männer für ein wirklich erfüllendes Liebesleben brauchen.

Verlag: Arkana / Random House/LoveBase Media
Erschienen Oktober 2018/2024

Sie zeigt Schritt für Schritt den Ablauf und die einzelnen Techniken der Yoni-Massage, welche innere Haltung dabei wichtig ist und was es drumherum noch alles braucht, damit Paare sich lustvoll neu begegnen können.

Das G-Punkt-Handbuch für Sexgötter

von Yella Cremer

Verlag: Arkana /LoveBase Media
Erschienen 2017/ neu Januar 2024

Der G-Punkt ist das Tor zur weiblichen Lust. Je genauer man (und frau) ihn kennt, desto sicherer führt er im Liebesspiel an unbekannte Ufer von Genuss und Ekstase. Wer also seine Partnerin nach allen Regeln der Kunst verwöhnen will, findet bei Sexexpertin Yella Cremer luststeigernde Informationen auf allen Ebenen: von der Anatomie des G-Punkts über anmachende Kommunikation, das richtige Ambiente bis hin zu 26 verschiedenen Massage-Techniken. Alles Schritt für Schritt erklärt! Natürlich dürfen auch geeignete hochwertige Sex-Toys nicht fehlen.

Erfrischend, klar, humor- und liebevoll sowie äußerst kenntnisreich führt Intimitätscoach Yella Cremer in die Kunst der G-Punkt-Massage ein. Ohne Tabus und ohne Leistungsdruck – für mehr Liebeslust und Erfüllung im Bett. Ein echter Augenöffner, der jedes neugierige Paar ermutigt, eine intime Forschungsreise anzutreten und gemeinsam eine neue Dimension der Lust zu entdecken!

Das sagen teilnehmende Paare zum Slow Sex Onlinekurs

Ihr Lieben, wir finden die Plattform super aufgebaut, die Lektionen in den kleinen Portionen gut verdaulich und den Inhalt toll und vor allem toll, wie ihr das rüberbringt!! Wir danken euch von ganzem Herzen für eure kompetente Begleitung und die liebevolle Art! ein wunderbares Neues Jahr, Glück und Herzensfreude !!

Mein Partner und ich sind so beglückt von diesen Erfahrungen, die Ihr uns ermöglicht! Wir haben schon so viel gelernt, und wir sind tatsächlich mit jedem Stolpern weiter gewachsen. Es ist so ein wunderbarer Prozess - mit allem, auch den schwierigen Erfahrungen und Gefühlen - der uns noch viel mehr verbindet. Ihr seid so ein wunderbares, authentisches und inspirierendes Paar, und Eure Aufrichtigkeit trägt uns. Vielen lieben Dank.

Kurze Rückmeldung: Wir finden den Kurs bis jetzt super aufgebaut! Wow! Ihr habt alles so gut durchdacht: wirklich Kompliment!

An dieser Stelle möchte ich meine Begeisterung über den Kurs, die Aufbereitung der Themen, der Vielfalt mit Euch teilen. [...] Und ich glaube, dass liegt einfach daran, wie Ihr die verschiedenen Themen aufbereitet habt, an Eurer Sprache, Eurer Zuwendung, Achtsamkeit, Eurer Authentizität und daran, dass Ihr ein so umfassendes Bild zeichnet, fast mit so etwas wie Zärtlichkeit für den Teilnehmer. Ja, ich bin begeistert und stöbere weiter mit Lust in dieser Schatztruhe Eurer Kursseite!

Wir schließen uns gerne den wertschätzenden Worten der anderen Paare an. Euer Kurs erfüllt bisher alle unsere Wünsche und ist von euch optisch und inhaltlich richtig toll umgesetzt! Wir fühlen uns durch eure authentische, liebevolle Art persönliche angesprochen und freuen uns schon auf eure Begleitung in der Praxis.

Sex mit dir ist
wunderbar...

... und mit dir auch!

Wenn dir das Buch gefallen hat ...

Wir finden: viel zu wenig Menschen kennen Slow Sex! Du kannst dazu beitragen, Slow Sex bekannter zu machen – und so ein Stück mehr Glück in die Welt bringen.

✦ Schreibe eine Rezension bei Amazon, Thalia & Co.
✦ Empfehle das Buch auf Facebook & Co. weiter
✦ Sprich mit Freunden über Slow Sex
✦ Verschenke das Buch oder den Slow Sex Onlinekurs
✦ Gib uns Feedback, wie wir das Buch noch besser machen können
✦ Lade Yella zu Vorträgen und Workshops ein

Danke